杭州优秀传统文化丛书
Hangzhou Youxiu Chuantong Wenhua Congshu

水盘腿坐着

水伊 著

杭州出版社

图书在版编目（CIP）数据

水盘腿坐着 / 水伊著 . -- 杭州：杭州出版社，2021.12
（杭州优秀传统文化丛书）
ISBN 978-7-5565-1548-6

Ⅰ.①水… Ⅱ.①水… Ⅲ.①水—文化—杭州—文集 Ⅳ.① K928.4-53

中国版本图书馆 CIP 数据核字（2021）第 158026 号

Shui Pantui Zuo Zhe

水盘腿坐着

水　伊 著

责任编辑	李竹月
装帧设计	祁睿一
美术编辑	章雨洁
责任校对	陈铭杰
责任印务	姚　霖
出版发行	杭州出版社（杭州市西湖文化广场32号6楼）
	电话：0571-87997719　邮编：310014
	网址：www.hzcbs.com
排　　版	浙江时代出版服务有限公司
印　　刷	天津画中画印刷有限公司
经　　销	新华书店
开　　本	710 mm×1000 mm　1/16
印　　张	17.75
字　　数	218千
版印次	2021年12月第1版　2021年12月第1次印刷
书　　号	ISBN 978-7-5565-1548-6
定　　价	58.00元

（版权所有　侵权必究）

序言

文化是城市最高和最终的价值

我们所居住的城市，不仅是人类文明的成果，也是人们日常生活的家园。各个时期的文化遗产像一部部史书，记录着城市的沧桑岁月。唯有保留下这些具有特殊意义的文化遗产，才能使我们今后的文化创造具有不间断的基础支撑，也才能使我们今天和未来的生活更美好。

对于中华文明的认知，我们还处在一个不断提升认识的过程中。

过去，人们把中华文化理解成"黄河文化""黄土地文化"。随着考古新发现和学界对中华文明起源研究的深入，人们发现，除了黄河文化之外，长江文化也是中华文化的重要源头。杭州是中国七大古都之一，也是七大古都中最南方的历史文化名城。杭州历时四年，出版一套"杭州优秀传统文化丛书"，挖掘和传播位于长江流域、中国最南方的古都文化经典，这是弘扬中华优秀传统文化的善举。通过图书这一载体，人们能够静静地品味古代流传下来的丰富文化，完善自己对山水、遗迹、书画、辞章、工艺、风俗、名人等文化类型的认知。读过相关的书后，再走进博物馆或观赏文化景观，看到的历史遗存，将是另一番面貌。

过去一直有人在质疑，中国只有三千年文明，何谈五千年文明史？事实上，我们的考古学家和历史学者一直在努力，不断发掘的有如满天星斗般的考古成果，实证了五千年文明。从东北的辽河流域到黄河、长江流域，特别是杭州良渚古城遗址以4300—5300年的历史，以夯土高台、合围城墙以及规模宏大的水利工程等史前遗迹的发现，系统实证了古国的概念和文明的诞生，使世人确信：这里是古代国家的起源，是重要的文明发祥地。我以前从来不发微博，发的第一篇微博，就是关于良渚古城遗址的内容，喜获很高的关注度。

我一直关注各地对文化遗产的保护情况。第一次去良渚遗址时，当时正在开展考古遗址保护规划的制订，遇到的最大难题是遗址区域内有很多乡镇企业和临时建筑，环境保护问题十分突出。后来再去良渚遗址，让我感到一次次震撼：那些"压"在遗址上面的单位和建筑物相继被迁移和清理，良渚遗址成为一座国家级考古遗址公园，成为让参观者流连忘返的地方，把深埋在地下的考古遗址用生动形象的"语言"展示出来，成为让普通观众能够看懂、让青少年学生也能喜欢上的中华文明圣地。当年杭州提出西湖申报世界文化遗产时，我认为是一项需要付出极大努力才能完成的任务。西湖位于蓬勃发展的大城市核心区域，西湖的特色是"三面云山一面城"，三面云山内不能出现任何侵害西湖文化景观的新建筑，做得到吗？十年申遗路，杭州市付出了极大的努力，今天无论是漫步苏堤、白堤，还是荡舟西湖里，都看不到任何一座不和谐的建筑，杭州做到了，西湖成功了。伴随着西湖申报世界文化遗产，杭州城市发展也坚定不移地从"西湖时代"迈向了"钱塘江时代"，气势磅礴地建起了杭州新城。

从文化景观到历史街区，从文物古迹到地方民居，众多文化遗产都是形成一座城市记忆的历史物证，也是一座城市文化价值的体现。杭州为了把地方传统文化这个大概念，变成一个社会民众易于掌握的清晰认识，将这套丛书概括为城史文化、山水文化、遗迹文化、辞章文化、艺术文化、工艺文化、风俗文化、起居文化、名人文化和思想文化十个系列。尽管这种概括还有可以探讨的地方，但也可以看作是一种务实之举，使市民百姓对地域文化的理解，有一个清晰完整、好读好记的载体。

传统文化和文化传统不是一个概念。传统文化背后蕴含的那些精神价值，才是文化传统。文化传统需要经过学者的研究提炼，将具有传承意义的传统文化提炼成文化传统。杭州在对丛书作者写作作了种种古为今用、古今观照的探讨交流的同时，还专门增加了"思想文化系列"，从杭州古代的商业理念、中医思想、教育观念、科技精神等方面，集中挖掘提炼产生于杭州古城历史中灵魂性的文化精粹。这样的安排，是对传统文化内容把握和传播方式的理性思考。

继承传统文化，有一个继承什么和怎样继承的问题。传统文化是百年乃至千年以前的历史遗存，这些遗存的价值，有的已经被现代社会抛弃，也有的需要在新的历史条件下适当转化，唯有把传统文化中这些永恒的基本价值继承下来，才能构成当代社会的文化基石和精神营养。这套丛书定位在"优秀传统文化"上，显然是注意到了这个问题的重要性。在尊重作者写作风格、梳理和讲好"杭州故事"的同时，通过系列专家组、文艺评论组、综合评审组和编辑部、编委会多层面研读，和作者虚心交流，努力去粗取精，古为今用，这种对文化建设工作的敬畏和温情，值得推崇。

人民群众才是传统文化的真正主人。百年以来，中华传统文化受到过几次大的冲击。弘扬优秀传统文化，需要文化人士投身其中，但唯有让大众乐于接受传统文化，文化人士的所有努力才有最终价值。有人说我爱讲"段子"，其实我是在讲故事，希望用生动的语言争取听众。今天我们更重要的使命，是把历史文化前世今生的故事讲给大家听，告诉人们古代文化与现实生活的关系。这套丛书为了达到"轻阅读、易传播"的效果，一改以文史专家为主作为写作团队的习惯做法，邀请省内外作家担任主创团队，组织文史专家、文艺评论家协助把关建言，用历史故事带出传统文化，以细腻的对话和情节蕴含文化传统，辅以音视频等其他传播方式，不失为让传统文化走进千家万户的有益尝试。

中华文化是建立于不同区域文化特质基础之上的。作为中国的文化古都，杭州文化传统中有很多中华文化的典型特征，例如，中国人的自然观主张"天人合一"，相信"人与天地万物为一体"。在古代杭州老百姓的认知里，由于生活在自然天成的山水美景中，由于风调雨顺带来了富庶江南，勤于劳作又使杭州人得以"有闲"，人们较早对自然生态有了独特的敬畏和珍爱的态度。他们爱惜自然之力，善于农作物轮作，注意让生产资料休养生息；珍惜生态之力，精于探索自然天成的生活方式，在烹饪、茶饮、中医、养生等方面做到了天人相通；怜惜劳作之力，长于边劳动，边休闲娱乐和进行民俗、艺术创作，做到生产和生活的和谐统一。如果说"天人合一"是古代思想家们的哲学信仰，那么"亲近山水，讲求品赏"，应该是古代杭州人的生动实践，并成为影响后世的生活理念。

再如，中华文化的另一个特点是不远征、不排外，这体现了它的包容性。儒学对佛学的包容态度也说明了这一点，对来自远方的思想能够宽容接纳。在我们国家的东西南北甚至是偏远地区，老百姓的好客和包容也司空见惯，对异风异俗有一种欣赏的态度。杭州自古以来气候温润、山水秀美的自然条件，以及交通便利、商贾云集的经济优势，使其成为一个人口流动频繁的城市。历史上经历的"永嘉之乱，衣冠南渡"，"安史之乱，流民南移"，特别是"靖康之变，宋廷南迁"，这三次北方人口大迁移，使杭州人对外来文化的包容度较高。自古以来，吴越文化、南宋文化和北方移民文化的浸润，特别是唐宋以后各地商人、各大商帮在杭州的聚集和活动，给杭州商业文化的发展提供了丰富营养，使杭州人既留恋杭州的好山好水，又能用一种相对超脱的眼光，关注和包容家乡之外的社会万象。这种古都文化，也代表了中华文化的包容性特征。

城市文化保护与城市对外开放并不矛盾，反而相辅相成。古今中外的城市，凡是能够吸引人们关注的，都得益于与其他文化的碰撞和交流。现代城市要在对外交往的发展中，进行长期和持久的文化再造，并在再造中创造新的文化。杭州这套丛书，在尽数杭州各色传统文化经典时，有心安排了"古代杭州与国内城市的交往""古代杭州和国外城市的交往"两个选题,一个自古开放的城市形象,就在其中。

"杭州优秀传统文化丛书"在传统和现代的结合上,想了很多办法,做了很多努力,他们知道传统文化丛书要得到广大读者接受,不是件简单的事。我们已经走在现代化的路上,传统和现代的融合,不容易做好,需要扎扎实实地做,也需要非凡的创造力。因为,文化是城市功能的最高价值,也是城市功能的最终价值。从"功能城市"走向"文化城市",就是这种质的飞跃的核心理念与终极目标。

2020 年 9 月

(单霁翔,中国文物学会会长)

竹素园诗意卷（局部）

目 录

第一章
钱塘江

002　八月十八的南宋潮事

029　伯颜和潮过招

043　被抛过船的新娘

059　富春江的开悟

068　柳树的念想

076　新安江的诗歌打斗

082　一尾鱼的精神世界

094　他向马尾松要一只独木舟

104　杭城隐秘的摆渡人

110　一点红

第二章
大运河

124　合掌的拱宸桥

142　扇子的秘密

157　头部的深情
163　三十九公里的绝世繁华

第三章
河道

180　临平为陆游下了一场黄昏雨
187　韦太后，往事不要再提
192　有为青年赵构一退再退
198　被鼓励的女孩有多危险
208　他把佛从石头里请了出来
216　中河、东河生命中的良人和渣
228　学苏东坡打报告
239　河畔的小白菜

第四章
苕溪

246 苕溪制造了王的深情

249 处理良渚和古苕溪的关系

255 不断作乱的苕溪

260 5000 年前良渚的一场大火

263 玉上的旋符也许是水

第一章

钱塘江

八月十八的南宋潮事

淳熙十年（1183）八月十九，南宋官报的头条文章应该是这样的：

太上皇、太上皇后、皇上、皇后浙江亭观潮
——水师军演　弄潮儿献艺　吴琚词作夺魁

（本报讯）八月十八是钱塘江观潮的传统日子，太上皇、太上皇后、皇上、皇后来到浙江亭观潮，文武百官陪同，当地百姓数万人目睹盛况。水师就着大潮进行了军事演习，军演之后，弄潮儿进行了水上表演。太上皇以观潮出题，吴琚应制词作获第一。

皇上、皇后一早来到德寿宫，接太上皇、太上皇后出候潮门，一行来到浙江亭。文武百官紧紧跟随，因限流，也为方便观潮，随行官员都不带随从。

从庙子头到六和塔，沿途尽是看棚观台，彩旗青伞，宝马香车；城内的人倾城而出，城外的人从四面八方赶来。

八月十八是潮神生日，历代相传，在这天形成盛会。

钱江观潮早在汉魏便蔚然成习，唐时此风更盛。

我朝苏轼曾写下："八月十八潮，壮观天下无。"

先是皇家开始检阅水师。担任指挥的长官发出指令，数百艘战舰分列钱江两侧，忽而疾驶忽而腾起，忽而分忽而合，乘骑弄旗、标枪舞刀，在水上如履平地。突然间黄色烟雾弥漫，不见人也不见船。水式武器发出的爆破声震天响，一会儿烟雾消散，水波平静，只有充当敌军的战船被火焚毁，随水波沉入海底。

潮远远看来宛若银线细细，远远听来宛若春雷隐隐，远远闻来水气迷离。人们紧张得直咽口水，因为潮水一旦扑来难免身湿。形势突然一转，潮要把天吃了，要把太阳淹了，要把声音炸了，直接来到你面前，当你在又惊又怕如醉如痴之际，随潮而去的心都有了。

弄潮儿来了。僧儿、留住领衔，披头散发、浑身刺青的数百少年或者扯着十幅长的大彩旗，或者举着小青伞，或者逆流踏浪，或者跃上潮头，惊涛骇浪中腾挪闪转，忽隐忽现——他们手中的旗尾竟然一点点也没有被水沾湿。

弄潮儿名叫僧儿、留住者事后得了皇上赏赐。

防汛部门提示市民：潮水带给我们视觉享受，但潮水也会冲毁堤岸，带来灾难。祖先修筑海塘抵御海患，我们应以虔诚之心祭祀神明，求得庇佑。

潮水壮观，可供观赏，但也不能只顾观赏。今天是观潮的日子，是祭潮神的日子，也是弄潮儿摆弄技艺的日子，更是检验水师的日子。我朝应当居安思危，有张有弛。观潮中寄托对美好生活的向往。

太上皇开心，和皇上说："钱塘形胜，东南所无。"

皇上回奏："钱塘江潮，亦天下所无有也。"

太上皇宣谕侍宴官，令各赋《酹江月》一曲，至晚进呈。

太上皇评吴琚词作第一：

玉虹遥挂，望青山隐隐，一眉如抹。忽觉天风吹海立，好似春霆初发。白马凌空，琼鳌驾水，日夜朝天阙。飞龙舞凤，郁葱环拱吴越。　　此景天下应无，东南形胜，伟观真奇绝。好是吴儿飞彩帜，蹴起一江秋雪。黄屋天临，水犀云拥，看击中流楫。晚来波静，海门飞上明月。

太上皇是宋高宗赵构，皇上是宋孝宗赵昚。

这桩繁华盛事被一个叫周密的文人在南宋亡后详细写在《武林旧事》里。

公元1183年。

中华大地上有些小复杂：宋淳熙十年，金大定二十三年，西夏乾祐十四年，西辽天禧六年，大理嘉会三年。

观潮的座中应该有金国使者。要不给谁看呢？

宋孝宗赵昚是宋朝第十一位皇帝，也是南宋最有作为的皇帝，继位一个月即给岳飞平反昭雪，虽有收复中原的心，但在多次失败后，和北方的金国重开和约；金世宗也是一位强主，两方势均力敌之下，倒也相安无事。

水暂时把马阻在江淮以北。

赵昚也就认了命，一心搞内政建设，江南进一步欣欣向荣起来，而杭州也一天天长成后世马可·波罗文字中的美丽华贵之天城。

大家对南宋的印象停留在风花雪月、唯唯诺诺，其实这是一个实在让人心绪复杂的朝代。一方面是许多人最愿意穿越回去生活的古代，一方面又有"国破山河在"的担惊受怕。

在这样的盛大潮事期间，不发生一点男女情事也说不过去。

八卦小报附会出一段佳话。

其时，从庙子头到六和塔，看棚扎起来，观台搭起来，彩旗插起来，女人们美起来，弄潮儿耍起来，宝马香车堵起来，一应吃喝坐观物品价格涨起来。

就在众人引颈观潮如醉如痴之际，一个着紫罗衫、杏黄裙的女子突然被潮水冲得脚儿把滑不住，溜地滚入波浪中。只见一个少年跳入潮中救人，却是个不会水的。水中一班弄潮儿踏着潮头，翻波搅浪，去救那女子。捞起来一看却是两个人，只见两人紧紧抱着，分拆不开，叫唤不醒。女子叫顺娘，男子叫乐和。二人青梅竹马早生情愫，男子苦于门不当户不对，竟不敢向女方家长提亲。不想双双落水，一副不生不死的模样。

男方家长放声大哭："儿啊,你生前不得吹箫侣,谁知道你死后才能成连理。"

女方家长听话中有因,忙问缘故,男方家长把两人私相爱恋的事说了一遍。

女方家长道："何不早说?若唤得醒时,情愿将小女配给令郎。"

话音刚落,两人苏醒过来。

这是明代话本里一个因潮成全的爱情故事。

八月十八祭潮神。潮神是谁?

事情得从眼睛说起。

卧薪尝胆的事大家都知道,越王勾践被吴王夫差打败,入吴国做奴隶。吴国大臣伍子胥力主杀越王勾践以绝后患,却不被采纳;后又被怀疑谋反,因而被赐死。

伍子胥自杀前和儿子说,把我的眼睛剜出来,挂在城门上,我要看着越国是怎样灭了吴国的。

吴王夫差听说了伍子胥的遗言,心想:想看着我失败?做梦。当然,也许在心底,他知道自己会失败,于是派人把伍子胥的尸首缝在皮囊里,丢进钱塘江。

相传伍子胥的魂化作潮神,日日驾着素车白马驱潮而来。

抛尸的日子是农历八月十八,那天潮声最是怒不可遏。

后来，吴国果然被越国所灭。

夫差的临终遗言是：用白布把我的眼睛蒙上，我在地下没脸见伍子胥。

从前的人狠，对别人狠，对自己更狠，但有羞恶之心。

然后，文种出场，作为越国重臣，他和伍子胥算各为其主。功成名就后，他还在越王勾践面前徘徊复徘徊。直到范蠡的书信到来：鸟尽弓藏，兔死狗烹。伍子胥死后十多年，文种被赐死，理由是，你当初给我出了对付吴国的七个主意，我只用了三个便打败了吴国，剩下的四个不是还在你那里吗？你用剩下的四个去地下替我的先王打吴国的先王吧。

文种自杀据说用的是名叫"属镂"的剑，和伍子胥自杀时用的一样。

同病相怜。伍子胥驾潮头冲开文种的墓，来，一起来江上玩耍吧。

伍子胥作为前潮神怒涛滚滚，文种作为后潮神推波助澜，生前的威猛天敌，死后成了知己。

两岸百姓体恤怜悯伍子胥，立庙祭祀，尊其为潮神。

也有八月十八是潮神生日的说法。

钱江大潮是钱塘江制造的。钱塘江什么来历？

想象一下,你是一只大鸟,挥动翅膀,起飞,在杭州湾上空足够高处俯瞰:钱塘江抽象成汉字的反"之"字,而那"一点",就是西湖。

——美好的事物大都沿河而居,每一条伟大的河流都不止一个名字。它们被沿途的人们在不同时空里分别命名。

这里叫新安江,那里叫富春江,古代叫浙江,现在叫钱塘江,形象上说叫之江,性情上说叫罗刹江。左不过一滴水的事,一觉醒来,它又叫大海了呢。

浙者,折也,盖取其潮出海,曲折而倒流也。

怒声汹汹势悠悠,罗刹江边地欲浮。

所谓罗刹者,是说当初江心有块石头,在秦望山脚横截在波涛中。商旅船到此,多被风涛所困而倾覆。

而之江,钱塘江之所以被叫作之江,完全因为它的"之"字是一个蛇曲。

必须到源头才能说清楚原委。

浩荡江水的源头在高处,河流必须在有山有谷的不平整地面才能发育,最初的涓涓细流从高处流向低处。细流必须跟着地形弯弯曲曲地行进。流水在较直的小河床流过时,水流方向和流水的两岸平行。在弯曲的地方,情形就不同了。当流水从较直的一段转入较弯的一段时,懵懂的它还想保持原来的流向,直往前撞,并不跟着两岸弯曲。于是便向着凹进去的那个河岸一直冲去。撞到河岸后,河岸不客气地回流水一巴掌,把细流推向对面

〔宋〕郭熙《观潮图》

的河岸。在对岸，细流同样被回了一巴掌，于是又回转头向原先的河岸冲去。巴掌不是白挨的，长期东碰西撞，水流使原来弯曲度较小的河床更加弯曲，慢慢弯成了"之"字形。

在河流弯曲的地方，凹进部分的河岸被流水冲击着，河岸变得陡峻，这种河岸叫作凹岸。凹岸是河水侵蚀的处所，凹岸处很少能看到泥沙沉积现象。凹岸在河水冲刷下不断后退。凹岸对面的河岸恰恰相反，它不是被冲刷，而是泥沙沉积的所在。这里常常可以看到宽宽的河滩，沉积下来的泥沙变得越来越厚，慢慢露出水面，形成小小沙洲，向河中突起，并且不断向河流中心推进，这便是凸岸。弯曲的河流就在凹岸向后退,凸岸向前推,一退一进之下,变得更加曲折,像是大地上摆动着一条大银蛇。这部分河流称为蛇曲。这种曲折蜿蜒的蛇曲,常常在古老河流的中下游可以看到。

之江的"之"就是这样一个典型的蛇曲。

在玉皇山顶可以清楚地观赏这个时时扭动的蛇曲。

钱塘江是浙江省最大的河流,有两个源头。

钱塘江的干流若以新安江为源头,则其长度为 589 千米,若以衢江为源,其长度为 522 千米。[1]

北源出自六股尖,南源出自青芝埭尖。

这里的"尖"是说山的形状,下大上小,尖而高。

源头并不神秘,寻常到就是二牛领着他的羊走过的地方,是三花采了一兜菌子准备回家的地方,是大伯背着药篓扶着鹤锄转悠了十天半月的地方,是蝴蝶扑闪着翅膀寻找树叶躲雨的地方,是花开摇曳你红我白一片烂漫的地方,是鸟亮了一嗓子勾引另一只鸟的地方。

点点水眼潺潺流泉,钱塘江千里奔袭,经安徽南部、浙江大部,杭州湾江朝东海处,制造了天下第一大潮。

潮汐是天体玩的大游戏,是月球和太阳对地球的吸引力引起的:月亮以重力的形式向地球的海洋发出邀请——来,我们一起舞蹈。海洋回应着,涌动的脉搏将月亮拉近的同时又将其推远。这是时空的召唤,这是宇宙的遇见,只是舞者彼此间隔着千里万里的距离,一天

[1] 据《杭州市第一次地理国情普查公报》。

两次,白天称潮,夜间称汐。这是无起始亦无终了的游戏。

潮隐藏在鱼的身体里,汐居住在鸟的翅膀里,花溅泪鸟惊心,你的心绪和月亮、潮汐或多或少都有些关系。

世间河流众多,为什么单单钱塘江形成了绝世大潮?

首先,钱塘江口的形状和别的河流不一样。它像一只大喇叭,江口大而江身小。在喇叭形的江口,起潮时海水自江口向内推进,由于江道越来越窄,潮水被狭窄的江道束住,只好向高处涨,在一刹那形成巨大的浪头。

那么喇叭形河口又是怎样形成的?

河口一带地壳运动的方向是向下沉降,因海水漫浸河口日久渐成。

还有就是河床上的沙滩。如果把江口的水吸干,露出河床,可以看到江湾东西两边的河床是完全不一样的。西边河床上尽是沙滩,河床底面较高,越到西边,也就是越到江的上游越高。东边河床上沙滩很少见,河床底面不高,与西边恰恰相反。所以,在江底好像有一级石阶,起潮时,潮水涌入江湾,碰到石阶的阻拦。来势汹汹的潮头一跃而上,把浪尖掀得高高的。潮水进入河床较浅的河道后,受河床底面沙滩阻拦,发生了强烈的摩擦,便减低了速度。前面的浪头走慢了,后面的浪头飞速赶来,后浪赶前浪,叠罗汉般形成了江面直立的浪头。一座叠罗汉倒了,又一座叠罗汉起来,浪头排山倒海,直向河道内部逆流推进。

这时,钱塘江水也滚滚而来。

所有的水都要回到大海，这是水的要义。回到海的一刹那，无人能体会被迎接的欢喜、被接纳的坦然。如果拥抱没有发生，想想会是什么后果？

钱塘江穿山越岭穿州过县穿花拂柳穿堂入室一心扑向东海认祖归宗的时候，海并没有张开双臂欢迎，不只没欢迎，还把巨大的海水一波一波送来打压江水。

江水要入海，前面的还没进来，后面的又跟过来，海水也是步步来袭，你踩着我、我攀着你，你高我更高，然后终不免轰然倒塌。

八月十八潮，壮观天下无。

为什么八月十八潮最大最壮？

苏轼的诗句背后隐藏着科学道理。

每个月农历初三和十八原是潮汐最大的日子。农历七八月间，天气炎热，陆地吸热比海水快，所以陆地要比海洋热得多。大陆的空气受热变轻上升，使这里形成低气压，海洋没有大陆热，空气密而重，形成高气压。高气压控制的海洋上的空气便向低气压控制的大陆流动，形成我国夏季的东南季风。冬季情况恰恰相反，那时形成的是西北季风，从大陆吹向海洋。七八月风吹的方向和潮奔涌的方向一致，潮头就更加澎湃，更加壮观。冬春时节西北风吹送的方向和潮头奔涌的方向相反，潮头的部分力量受到西北风阻挡而消耗，水势大打折扣，不像七八月间的潮大了。七八月间如有台风来袭，常可使海水顺着风向倒灌，使江水猛涨。

加上钱塘江流域每年七八月间水量丰沛，也助长了钱江秋潮的壮观。

钱塘江大潮的潮头在一秒钟之内可以跑 10 米左右，大潮带来的海水一秒钟内常可达几万吨。钱江大潮所到之处，几乎是见神杀神遇佛灭佛。

壮观的钱江大潮产生了一种特殊的人物——弄潮儿。

东汉汉安二年（143）端午节，钱塘江一条支流上发生了一起溺水事件。一个叫曹盱的巫师在祭潮神时不幸身亡。

他的女儿——十四岁的少女曹娥——沿着水边寻父号哭，十七天之后，还是没有父亲的消息。

少女曹娥投江而死。

她以一种激烈的方式求得被看见。

曹娥江，曹娥庙，曹娥碑。一条江因她而命名，一座庙因她而建，一通碑因她而起。蔡邕、曹操、杨修、王羲之、李白、王安石、蔡卞……历史上一系列构成文化事件的名字，都和这个叫曹娥的女子有了关联。

而她的父亲曹盱也因此成了第一个被史书记录的弄潮儿。

人类为什么弄潮？

真是一个谜题。

相对正式的说法是迎神祭神，这个神就是含冤而死的伍子胥。

当地人披散着头发，身上堆满刺青，扮水族——不，也许他们认为自己就是水族——水上水下活动的时候，求告龙王，我也是水民，为了在水里讨生活，不要收走我啊。

再追溯，人类本来就是从水里来的，谁又能否认，那是基因鼓动人听从水的召唤，你我蠢蠢欲动，身不由己地走向大潮。

就像女性身体里住着一个潮汐，谁又知道那不是对天体召唤的呼应呢？

那些身怀绝技潮头涛底来来去去的人，身心一定有着你我不知道的极致体验，要不怎么不顾生死地反复出入险地呢？

钱塘江若号称是第二坏脾气的江，第一当仁不让是黄河。

黄河日修一斗金，钱江日修一斗银。

呀，也不能就说钱塘江脾气不好，那是站在人的角度。从江本身的角度来说，它来，它去，它欢喜，它落寞，它掉头甩尾，皆是天性。

江水和海水的打斗也有意外收获，就是给人间送来了杭州，又给杭州送来了西湖。古话怎样说来着：杭州有了西湖，如人有了眉目。这等让人心动不已的话，一定不是人说的，是神送来的。

潮是水，朝宗于海。

钱塘潮认祖归宗被拒，它怒，它吼，它暴跳如雷，它制造巨大的响动。

怎样对付潮？人类自有办法。

农历八月十八是自然和人共同定下的钱江观潮的日子，契约不用写下，说了就算。潮准时来，满满来。

文人墨客观潮玩耍，身坐彩舫，看着岸上的老百姓，说，田家乐呀，渔家乐呀。

滚。

潮灾之可怕，非亲身经历，不足以表达。

比如，唐大历十年（775）七月二十八日夜，杭州大风，海水翻潮，飘荡州郭五千余家，船千余只，全家陷溺者百余户，死者四百余人。（据《旧唐书·五行志》）

从公元 775 年到 1949 年的 1100 多年间，钱塘江发生较大洪潮灾 230 次。

为了治潮，人们用尽了法子，有的王朝动用国家力量筑坝，有的个人散尽家财修堤，有人被累死，有人被潮卷走，有人绝望到跳海自杀。

秦代设"浙江都水"，一种和治水有关的官职，貌似没留下什么明确的行动。倒是钱塘江给南巡的秦始皇留下了"水波恶"的心理阴影。

最初筑防海大堤的人是汉朝会稽郡议曹,一个叫华信的人。这位下层官吏苦恼于潮水时时发作,他常常对着潮水发呆,也对着潮来时脸被摇晃得不成样子的大月亮发呆。

终于,他在一个太阳初升的早晨宣布:我要自己筑一条海塘。不管你是谁,只要把一斛土石送到工地就给钱一千。

一千钱对升斗小民来说太有诱惑力了,四方乡民纷纷挑着土石来到现场。家族的钱财很快就见了底,塘还没筑成。

华信紧急宣布,我家的银子使完了。新来的运载土石的人,虽然失望,也不过骂声娘然后把土石弃在工地上。

被弃的土石很多,堆积起来,海塘居然筑成了。

华信筑塘看起来像个骗局,其实是用了心思的,哪里筑、怎么筑、多少工、多少钱,以什么方式既能达到目的又不引起民乱……

这个最初的海塘被称为"钱塘"。想想华信一个没什么权力又没什么财力的下层小官吏,能办成这件事,可以说既有情怀又有谋略,毕竟海塘是用来保护大家安全的。

除了潮神,还有潮王。潮王最初也是人。唐朝石瑰在修筑堤坝时被潮卷走,当地百姓建潮王庙纪念他。

石瑰后来在宋代的话本里助人姻缘。乡民有什么心愿，倒是愿意和这位潮王说说。

顺娘与乐和落水，在江底遇上潮王，石瑰助二人脱险。这件事说明，弄潮有危险，观潮也有危险，同时还说明，潮王石瑰是个热心人。

有建设性贡献的是钱王家族。他家打了一套组合拳：箭射潮，塔镇潮，迎接潮。

第一代钱王钱镠创造性地发明竹笼填石筑塘和楗柱固塘之法，改进了捍海塘修筑配方，秘诀是：不断地卸力，卸掉潮的力气。

大竹破之为笼，长数十丈，中实巨石。取罗山大木，长数丈，植之，横为塘，依匠人为防之制。内又以土填

海塘的柴盘头

之，外用木立于水际，去岸两丈九尺，立九木，作六重，象易既济未济二卦。

"象易既济未济二卦"藏玄妙。既济、未济是《易经》六十三和六十四卦卦名，有让水终止之象，即为坝，故先人取此卦象来筑坝。潮来潮往，事情完了又没有完。

钱镠虽是武夫出身，心思却内秀。

筑捍海塘前，他做了几件事。

先是射潮，通过弓箭手射潮这种行为，安抚民心。紧急状况下，自己亲自上阵，射退了潮水。

再是告天祭神，求天给他一些时间来筑塘，并且管束水中各种神灵，同时求潮神不要出来作乱。

祭潮时还写了首诗，这首诗收在《全唐诗补编》里：

为报龙神并水府，钱塘且借作钱城。

说明了筑塘之必需，也表达了筑塘之决心，顺便吓了吓水族。

舆论上的事情做足了，于是钱王动手修捍海塘。

杭州人因为尊敬钱镠，把他奉为潮神。

末代钱王钱俶建塔镇潮。

塔起源于古印度，梵文音译为窣堵坡，最初是供奉或埋葬佛舍利、高僧遗物之地。建塔是为了敬佛奉佛、从佛礼佛，东汉初期和佛教一起传入中国。

中国人创造性地发挥了塔的功能，比如宝塔镇河妖。

北宋开宝三年（970），钱俶听从延寿、赞宁两禅师建议，在钱塘江畔月轮山上建塔镇潮，取佛教六种规约命名为六和塔。塔几经毁建，当下的塔身是南宋的。

登六和塔，能看出钱塘江左弯右拐向东奔流制造的"之"字蛇曲。

一塔七层八面，万佛千灯：潮声自演大乘法。

潮声自演大乘法。听来惊心。

北宋第一次出现由国家设立的专门负责海塘事务的机构"捍江营"，由工部郎中张夏建立，并在杭州第一次修筑石砌海塘。张夏后来也被封神，人们建张神庙祭祀他。

海宁的彭乌庙祀奉的是元代彭文骥、乌守忠。朝廷下令他俩承担筑塘大任但又没有拨款，两人家资耗尽，海塘依然没有筑成，他俩最终跳海而死。

明代黄光升以国家之力创建的"鱼鳞石塘"，侧面看塘身层次排列如同鱼鳞：石塘全部用整齐的长方形条石，呈T形自下而上顺次叠砌，用糯稻米打浆、灌砌，作为条石之间的黏合剂，再用铁锔扣榫，石塘顶部用铁锭扣锁。

也有明代富阳茶商陈旭跳入江潮自杀的悲剧，自杀的原因依然是耗尽家财修建的海塘被洪水和江潮冲毁。

潮神除了最早的吴国谋臣伍子胥和越国谋士文种，那些对治潮有突出贡献的人也不断被封神。

伍公山上有座伍公庙，最早可以追溯到 2000 年前，屡毁屡建，目前所存为清代遗存。正殿伍公殿，后殿潮神殿是杭州独有的，殿中央为伍子胥像，东西两侧绘 18 尊潮神：文种、霍光、曹娥、周凯、石瑰、胡暹、朱彝、张夏、陆圭、林墨、周雄、黄恕、曹春、乌守忠、彭文骥、晏戌仔、陈旭、汤绍恩。

这是杭州人对他们的感念。

潮制造的响动实在太大了。平常人不用说，就是定力深厚的出家人也常常被吓到。

北宋时从日本偷渡来中国的和尚成寻一路经风见雨，听到潮声还是吓了一跳，那还是春潮。

他带着七位弟子，藏在宋人商船里等风。第一天风没来，第二天风没来，第三天风没来，第四天风没来，第五天风没来。第六天，顺风来了。

飞帆，驰船。唐，我来啦。

他一直在为来唐地做准备，在长达三年的时间里，常坐不卧，勇猛精进，凝一心诚。

成寻是日本高僧，心心念念就想来中国。一次次给天皇打报告，就是不获批准。天皇低估了出家人求法的心。六十岁的成寻不想再等，他私附孙忠商船来到唐地，其时是北宋。

成寻在浙江正式登陆。

从水路偷渡而来的出家人,什么大风大浪没见过?但成寻有一天还是被吓着了——他被一种巨大的声响惊动。

那种声响是——潮。

"潮满满来,音如雷声,人人集出见之,造岸潮向来,奇怪事也。"成寻日记里写道。

成寻和尚初遇钱江潮是春天,更吓人的钱塘潮在八月十八。

被吓到的出家人不止成寻。号称杀人无数的鲁智深也被吓了一跳,在夜半听到潮声,以为千军万马杀将过来,提着禅杖冲出来。寺里小和尚告诉他是潮信。

鲁智深想起离开五台山时智真长老送给他的偈子:

听潮而圆,见信而寂。

小和尚解释,圆寂就是世间说的死。潮水在召唤。鲁智深叫人烧了桶水,沐浴更衣,也说了一首偈子:

平生不修善果,只爱杀人放火。忽地顿开金枷,这里扯断玉锁。咦!钱塘江上潮信来,今日方知我是我。

然后,这个世间最温暖、最明亮的人在椅子上坐化了。

潮让人怕，潮更让人着急。潮水又在召唤。八月十八，当地人心慌慌地等着，观潮、望潮、弄潮。

其实有一个人更急，就是当时的杭州通判苏东坡。苏东坡实在是个好玩的人。"八月十八潮，壮观天下无。"这句诗常被用来形容潮大潮壮潮美，但其实，这是一首玩笑诗，是作为监考老师的苏东坡替地方考生催阅卷老师赶紧阅卷的。

> 八月十五夜，月色随处好。
> 不择茅檐与市楼，况我官居似蓬岛。
> 凤咮堂前野橘香，剑潭桥畔秋荷老。
> 八月十八潮，壮观天下无。
> 鲲鹏水击三千里，组练长驱十万夫。
> 红旗青盖互明灭，黑沙白浪相吞屠。
> 人生会合古难必，此景此行那两得。
> 愿君闻此添蜡烛，门外白袍如立鹄。

北宋熙宁五年（1072）八月，苏东坡监考贡举，贡举即地方考试，放榜晚了两天，历年间应该是八月十五放榜的。于是，苏东坡借着中秋佳节和钱江大潮催阅卷的试官了。

苏东坡催试官赶紧判卷子，多准备蜡烛，加班加点，没看见白衣士子们像天鹅一样伸着脖子等着放榜呢。急死人了，有消息后不就可以好好耍去了吗？

多年以后，他是这样说的：

> 庐山烟雨浙江潮，未至千般恨不消。
> 到得还来别无事，庐山烟雨浙江潮。

苏东坡大概想不到，一百年后，他观潮筑堤、簪花醉酒引得市民卷帘观看的杭州，会成为大宋的都城。潮最壮美的地方也成了盛大的军演之地。

被钱塘春潮吓了一跳的成寻参天台山毕，于八月二十一日回到杭州，二十四日，离开杭州。

成寻爱写日记，从北宋熙宁五年（1072）三月十五日起，至第二年六月十二日止，共写了468篇。其间有闰月，共16个月。怎样上船，怎样等风，怎样避人，怎样靠岸，带什么样的银钱，送什么样的礼物，钱塘江潮好怕怕，运河上某项技术真是新奇，甘蔗居然切成一段段吃，他对驴相当好奇说是兔马，唐人好酒，船家送了小饼饼，某寺的果碟多少，某桥的碑记，某人的墙头题诗，每天做了什么功课，参加祈雨居然下雨了，皇上接见问了什么、赐了什么……他的杭州公移也就是旅行护照上还有苏轼的签名：太常博士直史馆通判军州事苏。

他们有过如此近的时刻，却不见有更深入的交往，是擦肩而过，还是史料未记，也是历史的小悬疑。

杭州之后，成寻沿运河北上。

作为日本高僧，成寻是懂汉语的，只是会写不会说。成寻的《参天台五台山记》记载了自日本至杭州、天台山、北宋都城开封、五台山，再自五台山返至开封、杭州、宁波的沿途见闻。

唐末，日本认为中国已经衰落，不值得再派遣唐使。成寻来中国的时间正是日本严禁本国人海外渡航的年月。作为护持僧，成寻几乎是不管不顾地来到中国。

偷渡离开日本后，他 84 岁的老母亲写了 175 首和歌想念他。

成寻最终没有回去。

成寻找寻自己的方式是一定要来中国。

钱塘江认领自己的方式是钱塘涌潮，大潮激发了人类无比的好奇心。

弄潮儿是掌握了水的秘密的人，他们和水在险地达成和解。

弄潮儿最初是古越人，是在钱江大潮里与水嬉戏玩耍的少年郎，这些少年郎生在钱江两岸，熟悉水性，胆大沉稳，泳技高超，常在大潮来时与潮玩耍。

春秋战国诸侯之间战争频仍，吴越一带是兵家必争之地，也是著名的古战场，又以水战为主，借潮演军是习气。

东晋顾恺之在《观涛赋》中描绘钱江怒潮："水无涯而合岸，山孤映而若浮。"

《全唐诗》中辑录咏潮诗近千首。

白居易《咏潮》诗道：

　　早潮才落晚潮来，一月周流六十回。
　　不独光阴朝复暮，杭州老去被潮催。

弄潮儿几乎是对男性的最高褒奖，是被同性欣赏、被异性追慕的角色。

> 嫁得瞿塘贾，朝朝误妾期。
> 早知潮有信，嫁与弄潮儿。

唐朝女子嫁给富商，生活并不如意。看着钱塘江潮涨潮落，却盼不来远行的夫君，后悔没有嫁给弄潮儿。

唐朝男子李吉甫记述：

> 江涛每日昼夜再上，常以月十日、二十五日最小，月三日、十八日极大，小则水渐涨不过数尺，大则涛涌高至数丈。每年八月十八日，数百里士女，共观舟人渔子溯涛触浪，谓之弄潮。

北宋潘阆潘老师写诗：

> 久客见华发，孤棹桐庐归。
> 新月无朗照，落日有余晖。
> 渔浦风水急，龙山烟火微。
> 时闻沙上雁，一一背人飞。

这诗淡。完全看不出是一个曾经两次卷入宫廷立储风波并在民间逃亡的人写的。从诗题《岁暮自桐庐归钱塘晚泊渔浦》可以看出些许端倪：一个冬天，从桐庐回杭州，天晚了，船停靠渔浦渡口。是月初，太阳落水了，月牙儿初初升起。钱塘江还是那样的坏脾气。他也只是以家人的口吻闲闲地说，风刮着风，水追着水，烟火明明灭灭笼在水雾里。听得雁声，望时雁群却已远飞。完全是以回家的口气写的。要知道，潘阆是河北大名人。

王安石出过一首诗谜："佳人佯醉索人扶，露出胸前白雪肤。走入帐中寻不见，任他风雨满江湖。"其中隐含四位诗人，有人解读，分别是：贾岛、李白、罗隐、潘阆。

潘阆这个人有意思，在东京开个药铺子，结交的人杂，商场官场欢场赌场，宰相太监歌女隐士，不一而足。

潘阆爱玩，曾经在夜里扮鬼吓友人，当然也是那位友人"作"。

第一次潘阆因为卷入赵廷美争储案，假扮僧人逃到中条山，在中条山做和尚时也不安分，写过"散拽禅师来蹴鞠，乱拖游女上秋千"的诗句，把假和尚的身份暴露了。后辗转到南方，在杭州、绍兴之间跨江而来，跨江而去——卖药。

谋反从来都是大罪，而他都安然躲过去了，并在至道元年（995）回到汴京，经宦官王继恩引荐见到宋太宗，皇上既往不咎，还赐其进士及第并国子四门助教。他故态复萌，写了一首《扫市舞》，其中说："出砒霜，价钱可。赢得拨灰兼弄火，畅杀我。"他的狂妄朝野震惊，皇上愤而追还封赏，把潘阆赶出汴梁。

他似乎没太吸取教训，十多年后又和人密谋立宋太祖之孙赵惟吉为帝，事败再次扮僧混进舒州潜山寺。后来潜回汴京被人认出。宋真宗亲自审问。潘阆不知用了什么法子，不但无罪释放，还被任命为滁州参军。

给世人留下漫天风雨的潘阆隐入钱塘自在逍遥——杭州有条巷子叫潘阆巷。

潘阆晚年遨游大江南北，狂歌醉舞，最后死在泗水一带。有个交好的道士照其遗愿，将他的遗骨迁葬杭州。

诗人，隐士，侠客，亡命徒。

这个药贩子写的观潮词《酒泉子》名动天下，画面感极强：

> 长忆观潮，满郭人争江上望。来疑沧海尽成空，万面鼓声中。　弄潮儿向涛头立，手把红旗旗不湿。别来几向梦中看，梦觉尚心寒。

潘阆是个精神上的弄潮儿，喜涉险地。从王安石的诗谜看，王安石了解他。

年龄大了，世间的事见得多了，漂泊日久头发早就白了，一个人乘着小船儿从桐庐出发，沿富春江晃晃悠悠划到钱塘江。风急浪高之处，家也就到了。这是赶回杭州过年的吧。

——他在某年冬天对钱塘江突然释放了心底的柔情。

弄潮不断被官家禁止，但也屡禁不止。

比如，北宋杭州郡守蔡襄的《戒约弄潮文》：

> 斗、牛之外，吴、越之中，惟江涛之最雄，乘秋风而益怒。乃其俗习，于此观游。厥有善泅之徒，竞作弄潮之戏，以父母所生之遗体，投鱼龙不测之深渊，自谓矜夸，时或沉溺，精魄永沦于泉下，妻孥望哭于水滨。生也有涯，盍终于天命；死而不吊，重弃于人伦。推予不忍之心，伸尔无家之戒。所有今年观潮，并依常例。其军人百姓，辄敢弄潮，必行科罚。

就是说，你们这帮二货仗着水性不错，逞能刺激，冒险玩乐，将父母给的生命用来耍酷找死。把自己玩死了没人收尸不说，还留下父母妻儿没人管，我不能眼睁睁看着你们的家人凄凄惨惨戚戚。可以观潮但不许弄潮，否则重重处罚。

苏东坡也积极呼应：

吴儿生长狎涛渊，冒利轻生不自怜。

倒是接下来的南宋，弄潮、观潮达到一个顶峰。

《梦粱录》卷四《观潮》记载：

其杭人有一等无赖不惜性命之徒，以大彩旗，或小清凉伞、红绿小伞儿，各系绣色缎子满竿，伺潮出海门，百十为群，执旗泅水上，以迓子胥弄潮之戏，或有手脚执五小旗浮潮头而戏弄。

再后来，有关弄潮的信息越来越少，甚至消失。

弄潮由个人玩耍到迎神祭祀再到官家推动，从汉到唐到宋再到明清绝迹，几乎是国人精神状态从饱满到空寂的过程。

弄潮儿是钱塘江送给人类的顶级礼物，是江南制造，是中国人长在血脉里的心事。

时间走到宋朝的收梢，有一个人要和潮过招。

伯颜和潮过招

第一章 钱塘江

在 1183 年南宋盛大的观潮事件 93 年之后,杭州城里有童谣唱:江南若破,百雁来过。

江南的安危似乎和一百只大雁有关。

不过,童谣还有另一个版本:江南若破,百眼来过。是说破江南的人长着一百只眼睛。

还有一个版本:江南若破,白雁来过。

民间歌谣从来不是空穴来风。

童谣在民间传唱,并且被马可·波罗记录。临安的守城人其实是女性,太皇太后谢道清垂帘听政,为皇帝占卜,结果是:除了一个有一百只眼睛的人之外,没人能夺取皇上的帝位。

不可能有人长着一百只眼睛。

结果就是一座王朝处于风雨飘摇中,而臣子们依旧斗来斗去,甚至宰相动不动玩失踪,还要太皇太后向宰相的母亲写信求着宰相回来主事。

太皇太后还想沿用赵家人的一贯做法：称臣纳贡。可是，忽必烈的野心不止于此。他要赵家亡。赵家最后的做法是：开门降敌。

忽必烈的至元十二年（1275），也是宋恭帝赵㬎的德祐元年，元发兵20万攻打南宋，统帅叫伯颜。

百雁，百眼，白雁，都指向这个叫伯颜的人。

谢道清听说元军统帅的名字时，心里的崩溃是不可想象的，因为用杭州话来念，"伯颜"就是这几个词的谐音。

谁又能说这四处传唱的江南谣不可能是伯颜自己写的呢？伯颜虽然是蒙古武士出身，汉文可不差哦。看看他在盛宴上唱《喜春来》：

> 金鱼玉带罗襕扣，皂盖朱幡列五侯，山河判断在俺笔尖头。得意秋，分破帝王忧。

自信得非常有分寸。

当年，他以伊利汗国旭烈兀的使者陪臣的身份来到元廷。

伯颜相貌堂堂，声若洪钟，见解高明，办事简洁明快。忽必烈几乎是见之欢喜，并且说，你怎能给诸侯做王臣呢，你应该跟随我。忽必烈甚至过问他的婚姻大事，把宰相安童的妹妹许配给他，并对安童的妹妹说，这个人必不辱没你的家族。

伯颜官拜光禄大夫、中书左丞相，各部官员向他禀报公务，碰到棘手的问题，伯颜不慌不忙，一两句话就能决断。当时众部官员感佩地说："真宰辅也。"

伯颜深谙人心，是玩心理战的高手。他驭20万人如一人，一路来到临安。学汉人的方法，将童谣先唱起来，人未到，他的魂已经到了。先期制造舆论，为心理战的第一步作铺垫。

伯颜是蒙古人，从小生活在西域。伯颜先祖臣属于拖雷（成吉思汗第四子）家族，伯颜曾经参加由旭烈兀（拖雷之子）率领的西征，横扫近东地区。旭烈兀在波斯（今伊朗）建立了伊利汗国，开始推行基督教。1265年，伯颜作为伊利汗国的使团成员，前来元大都拜见忽必烈，被忽必烈强留下来。

德祐二年（1276）正月，伯颜在临安城北皋亭山的军寨里，接收宋廷奉上的传国玉玺和降表，宋朝正式投降。

进城后，伯颜首先下令封存府库，登记钱谷。又令军将一律不得擅自进城，敢于逞凶暴掠者，军法论处。因此，杭州的街区闹市照常运营。

他曾对忽必烈发下重誓：取江南不妄杀一人。

拿下临安城后，伯颜做了件让人大跌眼镜的事：驻军钱塘江沙上。

时间明确，1276年，二月初五——也有说是初六——开始，一连三天，驻军沙上。

钱江返头潮

    钱江潮来是什么概念？千军万马吞千军万马。

    太皇太后祈祷：海若有灵，波涛大作。

    临安城里，上到太皇太后下到平民百姓，都等潮把元军吃了呢。

    潮始终没来。

    这是天假伯颜之手灭赵家，怪不得谁。

    北人了解水吗？

    宋金达成和解是因为水，金人败在驾驭不了江南的大水小水。大到江河湖海，小到荷塘渔港。金人就是被水所挡，最终给了赵宋活下来的机会。

江南相当于伯颜心中上帝赐予的迦南美地，是理所当然要拿到手的。一如当初金人对江南三秋桂子十里荷花的向往。

事情其实在伯颜心中演练了无数遍。作为基督徒，他深谙《圣经》故事，以色列人在摩西带领下离开埃及，前有红海阻隔，后有法老军队追赶，以色列人就是成功离开了。这得益于摩西对于潮汐的准确判断，即使他拥有神的旨意，他也不会做没把握的事。——摩西带着信徒们在红海北部苏伊士湾的岸边安营扎寨，由于有一片芦苇沼泽，他们称这里为芦苇海。

摩西知道，有一个时刻，海底会裸露出来。他在等那个不早不晚的时刻。他曾不止一次看到芦苇海分开，商旅车队从海底穿行到达对岸，然后海又合上。一个满月的夜里，月亮又大又圆，这个时候是大潮，而且潮差最大，不仅可以达到最低潮位，而且低潮持续的时间也最久，久到足够以色列人穿行到对岸，接下来可以利用上涨的潮水吞没前来追赶的法老军队。事实也是如此。

伯颜应该在马上无数次想象过钱江大潮，并把钱江潮同出埃及记里的红海潮做过比较。他对潮很了解，所以才有"驻军钱塘沙上"的举动。

况且，中国人早就对潮有认识并有明确记录。

东汉王充在《论衡》中提到"浙江、山阴江、上虞江皆有涛"。又说当时钱塘浙江"皆立子胥之庙，盖欲慰其恨心，止其猛涛也"。并且"涛之起也，随月盛衰，小大满损不齐同"。这是中国第一次提出潮汐周期与月亮盈亏关系的学说。

世上最早的潮汐表由唐朝人窦叔蒙绘制。窦叔蒙，生卒年不详，《全唐文》里提了一句他是浙东处士，在海边长大无疑。他写了一本书——《海涛志》，这是最早的成体系的潮汐学著作。

有关钱塘江潮候的记载早已有之，姚宽《西溪丛语》云："旧于会稽得一石碑，论海潮依附阴阳时刻，极有理。"并记下了北宋仁宗至和三年（1056）八月"重订"的一幅潮候表。

伯颜很有可能研究过窦叔蒙的潮汐表。

潮汐起落有规律可循：农历朔（初一）和望（十五）的后一两天，月亮引起的潮与太阳引起的潮相合，出现大潮；上弦（初七、初八）或下弦（二十二、二十三）后一两天，太阴潮与太阳潮相消，出现小潮。其他日子介于以上两种情形之间，潮汐由大转小，再由小到大，随月盈亏变化，循环往复。

元军在钱塘江沙上一住三天，从初五到初七，或者，是从初六到初八，钱塘江正好处于潮水由大转小的低潮阶段，这是完全没有风险的事情。

那些营寨里甚至不必有人，做做样子就好。是不是很有空城计的意思？如果宋家不死心搞个偷袭什么的，他完全可以反制一手。

他制造心理事件试探人心。那些投降的人一会儿投降一会儿反抗，他要反复制造事件掌握主动权。如同他虽答应忽必烈得江南不妄杀一人，却也可以转手屠城。

金人因为水而停止伐宋，伯颜可不要这样。行军途中，部队遇到一个湖泊，正好下大雨涨水，没有船。伯颜说，我们将要横渡大江南下，怎会怕这个小小的湖泊？当即叫来一个壮士，背着铠甲兵器，骑马在前面引路，然后自己亲自指挥部队走着穿过湖泊。

守城的太皇太后谢道清也是传奇人物——宋理宗赵昀的皇后，宋寿和圣福皇太后、太皇太后，元寿春郡夫人谢道清。

她能入宫并且当上皇后、皇太后、太皇太后，过上一路开挂的人生，也是缘于一些异兆：一是和喜鹊有关，二是和她堪比整容的蜕变有关。

谢道清也算世家出身，祖父做过宰相，可惜父亲早死，家道中落，她小时候在家洗衣做饭都要亲自操持。只是赶上皇上选妃，有机会入宫。对她来说，这个机会也差点被剥夺。一来她长得不美，黑而且一只眼睛有毛病。二来家族要为此准备钱财，叔叔觉得当一个宫女老死宫中根本不值得。不过谢家当时就她一个未嫁的女儿。

谢道清是天台人，其间发生了一件异事。当年元宵节，县里的灯山有喜鹊来筑巢，人以为异事，才送谢道清入宫。入宫途中，她生了一场大病，病后通体黑皮脱落，皮肤变得莹白如玉。更神奇的是，她的眼疾也被神医治好了。

灵异事件发生在她身上。她也相信灵异事件。

其实，宋理宗赵昀更想立贾涉的女儿做皇后，杨太后说："谢女端正有福，宜正中宫。"左右宫人也小声议论：

"不立真皇后，乃立假（贾）皇后邪？"

宋理宗只得作罢。

谢道清的人生隐藏在这些封号里：宋皇后、寿和圣福皇太后、太皇太后，元寿春郡夫人。

十八岁即被册封为皇后，却不被宠。和她同时入宫的贾贵妃三千宠爱在一身，贾贵妃死后又是阎贵妃得宠。她倒也不在意，她的人设就是端庄懂事。

理宗在位四十年，怎么说也是比较长的时间。后期纵情声色不理朝政。接下来的度宗据说脑子不太够，在位也有十年。再接下来就是恭帝，即位时还是个四岁的孩子。她于是被朝臣架着垂帘听政。先是继续倚重贾似道，后又死扛着陈宜中。前者是公认的奸相，后者简直就是戏精。

搞政治，她不是杀伐决断的人，她用的也是女性的方式。

先是裁度宫中费用，用省钱的方法来支持前线。裁撤无作为的官员节约开支，同时写下亲笔诏书征集各路义军守卫国土。再是体念贾似道是三朝老臣，不忍杀。再用之人陈宜中简直是个行为艺术家，陈宜中劝她迁都，她一开始不肯，但最终答应了。一朝人马什么都准备好了却等不到陈宜中——宰相玩起了失踪。她也只能气得拔下簪子狠狠摔地上骂一声：你们这不是欺负老娘吗？然后给陈宜中母亲写信让其劝说儿子赶紧出现。最后也只能哀叹，我赵宋三百年待你们士大夫不薄啊，你们端我家碗吃我家的饭，关键时刻逃的逃降的降，你们还是人吗？

你们有脸去地下见先帝吗？

一个烂摊子要靠一个女人兜底。

最后她选择降。赵家天下得自孤儿寡妇，又被人从寡妇孤儿手中拿走了。

谢道清先是提出称侄称孙并纳币，求伯颜罢兵。伯颜拒绝。又提出奉表求封为小国，也遭伯颜拒绝。元军云集临安城下，右丞相陈宜中跑了，左丞相留梦炎逃了，管军事的签书枢密院事张世杰走了。

无奈之际，谢道清任命文天祥为右丞相兼枢密使，相当于军政一把手，去和伯颜谈判。

两大帅哥有一场眼神对决。

历史在这里有一个高光时刻，建于584年、位于临平上塘河南岸永康桥畔的明因寺，在公元1276年正月廿二日发生了一件大事。

北国南朝两大关键人物在此相遇。

其时文天祥和伯颜都是四十一岁，男人最好的年华。

伯颜是元军主帅，正在围攻临安，并且志在必得。

文天祥来看看能不能保下南宋朝廷。

伯颜之所以反复要求换谈判人，实在是觉得从前来的使者配不上他。

文天祥慷慨激昂口若悬河怒斥伯颜的时候，伯颜被虐得很是受用，反而激动地说：男子！男子！

我们也可以理解成：大丈夫！大丈夫！

文天祥斥伯颜：本朝承帝王正统，衣冠礼乐之所在，你们妄动干戈，攻城略地，侵略大宋江山，残害我朝百姓，道义何在？将以为与国乎，抑将毁其社稷也？

伯颜表白：进临安后社稷必不动，百姓必不杀。

文天祥：既然如此，那应该先撤兵，后议和。请退兵平江或嘉兴，然后议岁币与金帛犒师，北朝全兵以还，策之上也。若欲毁其宗庙，则淮、浙、闽、广，尚多未下，利钝未可知。

伯颜此时当然听不进去，以胜者自居，语出不逊，意存恐吓。

文天祥：我，宋朝宰相，但欠一死报国，刀锯鼎镬，非所惧也。

文天祥是很能说的，二十出头时在宋理宗亲自主持的殿试上演说，句句有理，皇帝也很是叹服。

伯颜和文天祥都是美男子。当初忽必烈初见伯颜，《元史》是这样说的："世祖见其貌伟。"而文天祥有多好看呢？《宋史》是这样说的："体貌丰伟，美皙如玉，秀眉而长目，顾盼烨然。"

原谅我在这里走神。实在是两大帅哥吵架很好看。

伯颜对于使臣的看法是能说为好。从前，廉希贤与严忠范奉命出使宋朝，向伯颜请求派兵自卫。伯颜说，出使的人靠的是会说话而不是随从武士，随从武士多只能使出使的事受牵累。

这么能干又有个性的人，当然得留给元朝。不出所料，伯颜扣留了文天祥。

伯颜在临安城办妥押送宋朝君臣等一应要事，三月，南宋皇族由大运河北上入大都。他也答应谢太皇太后暂时停留，看样子她确实病了。直到八月，她被元军从宫中抬出，押送大都，降封为寿春郡夫人。七年后的1283年，亡国的太皇太后默默病死在异国他乡，终年七十四岁，葬处不明。

恭帝生母，亦即度宗的全皇后，被掳往大都，后在正智寺出家。

赵㬎四岁登基，六岁被俘，和妈妈全太后一起去了大都。后来娶了公主。十八岁去藏地学佛，法名合尊，成为佛门学问僧，一度担任过萨迦大寺总住持，后从事佛经翻译。五十三岁于藏地往生。

也有说因诗获罪被害死。诗是《在燕京作》：

> 寄语林和靖，梅开几度花。
> 黄金台上客，无复得还家。

对江南有着刻骨的思念。他的哥哥在逃亡路上被吓死，他的弟弟被陆秀夫背着跳了海。母亲出家，奶奶在元大都去世。

而他成为一代高僧。谁又能说，这不是另一种成全。

撒花的波斯语意思为礼物。1276年二月九日成行的宋廷祈请使团，专设掌管礼物官两名，提举礼物官三名，扛抬礼物的官兵达3000人，备了各种撒花送给元朝皇室并各级官员。

在波斯长大的伯颜于当年三月初十离开临安，他好像没什么撒花，所带不过随身衣物被褥。

担头不带江南物，只插梅花三两枝。

他对这座城同样有着不忍心，来了见了走了。临安一切如常，以至许多百姓不知道已经改朝换代。

剑指青山山欲裂，马饮长江江欲竭。
精兵百万下江南，干戈不染生灵血。

他也能在盛宴上大唱《喜春来》，可见并不是刻板之人。

一定要强调的是，元朝出现过两个知名的伯颜。拿下宋室江山的是元初的伯颜，另一个伯颜是元中后期的权臣伯颜，最著名的是权臣伯颜的官职长达243个字，他有一个著名的侄子脱脱，此伯颜最终亡于他亲手养大的脱脱之手。脱脱主编了《宋史》，被毒酒鸩杀，此是后话。

蒙古人大概喜欢用伯颜做名字，其意为富，即财物多。

伯颜隐秘地和潮交过手，那种乐趣盖过了文治武功。

〔清〕袁江《观潮图》

钱塘潮就是伯颜和南宋过招的那个"招"。

高手过招，不留痕迹。

将人玩弄于股掌之上，对于潮这种信守大自然的事物，伯颜知道，那是约定。既然是约定，就不必冒险，只要相信。

只有很了解水的人才可能拿下江南。可以弄人，但绝不敢戏弄水。

他也找到了势均力敌的对手文天祥。

陆秀夫说文天祥是朝宗之水，伯颜深以为然。他要把他带到大都，他想着自己给元朝带来了一名新的宰相。在人人皆欲杀之的吼声中，他要保全他。

他逃了，又被抓了，最终被杀了。他是他当初喊出的大丈夫。

被抛过船的新娘
——进士方楘如对九姓渔民 105 岁陈阿婆的访问

窗外的风雨真是大呀。再大的风雨在她看来也是波澜不惊。她看老了风雨，风雨也看老了她。她们在水上见惯了彼此。那个进士出身的方楘如要来和她聊天，作为船上人，她习惯了陆上人的白眼。她知道，进士愿意和她聊天，也不过是年龄给她的回馈，毕竟活到 105 岁是个奇迹。

陈阿婆历经明清两个朝代，掐指算来，她历经的皇帝有崇祯、顺治、康熙、雍正，她 105 岁那年也是雍正皇帝驾崩的年份，她甚至可能活到乾隆朝。

陈阿婆是一位九姓渔民，九姓渔民是水上浮居群体，千百年来生活在钱塘江上，以船为家，男打鱼女为妓，是古代的贱民。不能上岸居住、不能穿鞋、不能参加科考、不能和岸上人通婚，而官家有事还要应召服役。

九姓渔民哪里来的？为什么沦为贱民？他们怎样生怎样死？怎样穿怎样戴？怎样吃怎样喝？怎样住怎样行？怎样嫁怎样娶？怎样爱怎样恨？他们怎样和钱塘江互动？在茫茫江河上怎样抵御孤独？他们最终的命运会走向哪里？

进士方楘如对九姓渔民的好奇，也是所有岸上人对九姓渔民的好奇。

有一位进士要来家里做客，简直是莫大的荣耀。

关于九姓渔民的事，阿婆确实知道很多，她是一位好的访问对象，健谈，阅历多。宾主相谈甚欢，以至于九姓渔民第一次被文字记录。

陈阿婆出生于明崇祯四年（1631），105岁时即清雍正十三年（1735），和方楘如有过长谈。

方楘如，字文辀，又字若文，号朴山，浙江淳安赋溪人。康熙四十五年（1706）进士，以文章名天下。时人称朴山先生。关于赋溪多说一句，赋溪因流贯南北而得名，溪往北注入新安江，顺路可以看看赋溪石林和溶洞。

他愿意听，她也就说说那些过往。毕竟她身上藏着一百年的往事。

她让孙辈们把渔船收拾了一番，在船舱里隆重地摆起茶具，准备了茶点，来招待这位岸上人。

她愿意回忆新嫁娘的时光。作为渔民的女儿，她也要嫁给渔民，并且没有太多选择，只能嫁给九个姓氏的一个：陈、钱、林、袁、孙、叶、许、李、何。

以下是方楘如对陈阿婆的访谈。

时间：雍正十三年（1735）。

地点：陈阿婆家的娘船上。

Q= 方棨如

A= 陈阿婆

Q：阿婆，您能说说九姓渔民的来历吗？

A：老辈人讲，我们是陈友谅水军的后代。陈友谅是渔家子出身，和朱元璋争天下，建陈汉，称汉王。兵败后，九个姓氏的家族和追随者被朱元璋罚入水中，沦为贱民。从此，先祖在茫茫江河上漂泊，浮家泛宅，以船为家。不能随便上岸，偶尔上岸，也只是换点日用品。不准穿鞋，上岸后穿鞋也要拖拉着，脚后跟要露在外面。女人不能缠足。孩子不能上学，更不能参加科考，男人不能穿长衫。不允许和陆上人联姻，男女只能在九个姓氏间通婚。

Q：婚嫁和岸上人有什么不一样？

A：九姓渔民的婚姻也是父母之命、媒妁之言。如果私订终身，男方会抢婚。也有办不起婚礼的，抢婚遮掩一下面子。

订婚时，男方会送聘金，聘金外还有十六盘。讲究的人家会送二十四盘，再困难的人家也会送八盘。十六盘里有鲜肉一盘、鲜鱼一盘、山粉一盘、索面一盘、馒头一盘、布匹一盘、猪蹄四盘、整鸡四盘、银圆两盘。

逢春节、端午这些大节，男方也会送一些礼物过来。

在我婚礼前三天，夫家送来了酒、肉，两担柴，两担木炭，帮忙的人也是夫家请，要请双数，一部分人分配到女家，还特别送来了利市人。

利市人为一男一女,女称利市婆婆,在女家船上帮忙,男称利市公公,在男家船上帮忙。利市人要父母双全、夫妻和睦、有子有女、家境富裕。

利市婆婆要给新娘子梳头,还要给新娘子绞面,就是两手撑着线把新娘子脸上的绒毛绞去,方便化妆敷粉。陪新娘走完婚嫁流程,并且教新娘子到了夫家的规矩。

婚礼前一天,夫家的船远远地开来了。高高的桅杆上悬着旗帜,挂着灯笼,旗帜是夫家的姓氏,灯笼上是大红"囍"字。

我家船头也挂了大红"囍"字,旗帜上是大大的陈字,九姓渔民里,陈是排在第一位的大姓。夫家的船小心翼翼开过来,在离我家的船三尺远的地方停下来,两只船并排。一定不能碰在一起,说是不然以后夫妻会口角多。

男方的接亲船称男船,女方的送亲船称女船。

船停好后,在夫家的船和我家的船之间铺上跳板。

结婚前一天傍晚,要把嫁妆送过船。

嫁妆是要称的,称嫁妆时要唱嫁妆歌。

利市婆婆手挑一杆秤,作势称来称去,利市公公边唱边接。

利市婆婆:称一斤。
利市公公:长千金。
利市婆婆:称二斤。
利市公公:长万金。

利市婆婆：称三斤。

利市公公：三元及第。

利市婆婆：称四斤。

利市公公：四季发财。

利市婆婆：称五斤。

利市公公：五子登科。

利市婆婆：称六斤。

利市公公：六六顺王。

利市婆婆：称七斤。

利市公公：七子八孙。

利市婆婆：称八斤。

利市公公：八子成双。

利市婆婆：称九斤。

利市公公：九子十三孙。

利市婆婆：称十斤。

利市公公：十子大团圆。

合：荣华富贵万万年。

Q：岸上人大概没这个规矩吧。

A：岸上人是在早晨送嫁妆的，不过不用称，是摆出来让人看的。

称完嫁妆的当天晚上，两家船头各悬一面大铜锣，他家敲十三下，我家敲十三下，一轮一轮敲下去，一直敲到天亮。锣声里女伴们陪哭陪唱，娘家人也边哭边唱，说些体己话、道别的话、祝福的话。这时娘家人要给新娘包红包，叫谢礼。

一夜哭别，婚礼当天，穿好嫁衣的新娘由利市娘娘和端灯姐姐（也就是伴娘）扶出船舱外。

走前新娘要吃离娘饭，利市婆婆一口一口喂。

女船上一位壮汉身穿新衣，腋下捆着宽带子，由两个帮忙人拉牢，为的是保险，只见他一脚顶住船沿，一脚在后作马步势。

利市婆婆即打招呼：千金小姐送上来。

利市公公接着喊：皇孙公子站起来，珍珠凉伞撑起来。

新娘被抛到男方船上。

在过程中有炮声配合。女船第一声是招呼炮，请男船做好接的准备；第二声是动手炮，表示抛新娘正式开始；第三声是结束炮，表示仪式结束。动手炮响起，壮汉托起新娘，一手托背一手举臀用力向接亲船上抛去，男船相应放进门炮和胜利炮，稳稳接住被抛过来的新娘。

然后在船头举行婚礼。新郎新娘站在船头，两位端灯姑娘端着点燃的蜡烛一左一右站在新人两边，一拜天地、二拜高堂、夫妻对拜这些和岸上人没区别。入洞房复杂一些，洞房的门在船尾部，新郎新娘要双双爬上船篷背，再从船尾下来进入洞房。

也有人家是新娘坐着渔盆从女船送到男船。渔盆是只大木盆，新娘端坐其中，四个壮汉抬着渔盆绕女船桅杆三圈表示对娘家的眷恋，再传给男船，四个壮汉抬着新娘绕男船桅杆三圈表示落地生根。过船后也是在船头举行正式的婚礼。也有的洞房会另置在小船上，夜幕降临后，新娘新郎自己划着小船找幽静处度过新婚之夜。

我是被抛过去的，心是颤巍巍的。

新房布置在船舱内，大红"囍"字、大红蜡烛、大红被子、大红盖头、大红新娘、大红新郎，一如陆上，大红盖头也是被秤杆挑开的。

还有一个环节是训女婿。新娘起身要到夫家船上时，岳母要教训女婿对自己的女儿好，夫妻要和睦。这时，女婿要来到女家船上跪在岳母面前保证：岳母的吩咐一定记得。然后快快逃回自家船上。这时要看女婿应变，要是让女家亲朋抓住，会被调侃并罚糖果。

三天后回门，岳父摆酒宴请新女婿。新郎要准备红包给新娘的小辈。吃过回门酒，婚礼才告结束。

Q：九姓渔民身后是葬在水里呢，还是上岸呢？

A：唉，婚礼热热闹闹，葬礼就很凄凉。渔民水上漂泊一生，死了也是要上岸的，也是要埋在土里的。不过会埋在陆上居民不会选择的山坡上，也讲究不起风水。

人死后会被移到船头，用纸把脸盖住，放半天，亲人朋友来看一看，第二天入棺，很快就下葬。

唯一讲究的是，女儿要送一把黄纸伞，家人要做一个灵幡。陈友谅自称汉王，他的子孙死时要有王的荣耀。好一些的渔家会请和尚道士做一天法事，不过和尚道士也是不屑给我们做法事的。

Q：船相当于渔民的房子，平日里生活都在船上，一户渔家有几只船？

A：在水里讨生活，一般人家会有两只船。日常生活起居的船是娘船，出海捕鱼的是子船。娘船讲究，船身用十二生肖命名：老鼠跳、牛扼、老虎鼻、兔梁、龙筋、蛇头、马口梁、羊角、猴留、鸡爪拎、狗腿、猪头板。

子船花样多，有小塘船，有鸬鹚船，有塘里鳅，有蚱蜢舟，还有一个人可以背起来的两头扛。

其实，一般渔民家里没那么多的船，渔民就是水里讨生活。有子成家立业，家境好点的会造一只船分出去，多数渔民连这个也做不到的。

Q：除了娘船、子船，九姓渔民还有一种花船。您介意说说头亭、茭白船吗？

A：九姓渔民被岸上人看不起，和女性从事娼业有关。渔家生了女儿的，会根据相貌自小专门调教，习丝弦，学唱曲。也有自小卖给别家船上的，有父有兄的偶尔去看望一下。不过，都知道长大是要做妓的。

头亭、茭白船其实就是水上青楼，不过是将岸上的妓院搬到水上而已。旧时杭州、严州、金华、兰溪都有茭白船。

打鱼养家毕竟是难的，渔家的女性做船妓可贴补家用。妓船有江山船、茭白船两种。江山船因产地是江山而得名。江山船船头是方形。如果船头画两只巨眼，说明是货船。江山船改装的妓船从船头到船身都画得五颜六色，此所谓花船。茭白船因形似茭白而得名。有的妓船就在自家船上，顶多在船尾另系一只舢板。并不是所有的江山妓船都是九姓渔民的，江山女人和九姓女人同为船妓，但江山女人是可以从良的，九姓女人却绝对不可以从良。

其实还有一种掌子船，上面有自拉自唱的女人，身价低，类似陆上的流莺。常年停靠在码头边，划着双桨撑来撑去兜生意。

Q：船上除了人居，还有什么动物吗？

A：有的渔民家会养鸬鹚。喔呵呵依唷呵呵……听到渔民发出这样的声音，不要奇怪，那是在和鸬鹚交流。对渔民来说，鸬鹚是家人，它们辛苦捕鱼，能维持一家人的简单生活，若鸬鹚死了，家里人是要哭一场的，并且会上岸把鸬鹚埋在土里。鸬鹚能单独捕鱼，和人之间也会相互配合。

Q：您老每年的生日怎么过？有什么特别讲究的？

A：渔家诸事从简，平常的生日是不过的。63岁对于九姓渔民来说，是个坎儿。这年的生日是一定过的。我那年生日，孩子们捉来一只鲤鱼，背上系了五色丝线，我自己带着去钱塘江放生。放生时念：七九六十三，鲤鱼跳过坎。

Q：孩子出生有什么礼数？

A：孩子出生前，外婆家要送催生礼，送去的鸡蛋不能煮熟，意即好生。遇到难产，要请人在船篷拿竹竿乱打，另一个人在船头撒茶叶米。渔民相信生孩子会有鬼来，一打鬼就跑啦，一撒茶叶米投胎的孩子就生下来啦。

孩子的名字，有时候是十二生肖，马儿牛儿羊儿狗儿兔儿猴儿……也有的以地名为名，比如在杭州出生就会叫陈杭州，在兰溪出生会叫钱兰溪。有人叫清明狗，那是以出生的节气做名字的。如果有人叫三号五号七号九号，那就是他们出生的日子。也有叫鱼儿虾儿鳖的，那是他们日常捕到的水产。有大名的，男人喜用水、樟，女人喜用花、英。有的兄弟俩，比如哥哥叫水根，弟弟颠倒一下叫根水。所以，九姓渔民重名的多，外人还真是搞不明白。

Q：渔民们信什么？祭什么？拜什么？

A：渔民出江捕鱼，洪水、干旱、暗礁、险滩、风浪，样样要求神佛保佑。多数渔民信佛，晚年多吃素，把上九华山拜地藏菩萨当成一生的大事。

六月二十四拜雷神；八月十八祭潮神，也就是伍子胥。

出江沿途遇庙就拜。洋溪潘老爷庙，梅城七郎庙、八郎庙，七里泷伍员庙，钓台严子陵庙，芦茨老相公庙，都要烧纸。

不过，九姓渔民尤其信周宣灵王，每条船都供周宣灵王。一张画像、一个香炉，一天换一杯清水，初一十五上香烧纸。因为他管风雨嘛，说是周宣灵王扮成旅客搭衢州船从杭州溯水而上，桐庐的芦茨老相公和他斗法，刮起西风来阻止衢州船前进。旅客们胆战心惊，周宣灵王说不要紧，我有八条顺风梁。他撑起风篷，改道从蒋家埠的溪流进去，再从胥口出来。芦茨老相公一看失败了，就索性助他三阵阵头风。天还没亮，船就到了衢州。旅客们目瞪口呆，同声道：杭州一夜到衢州，只有周宣灵王下凡。此话一讲，正在下风篷的周宣灵王从船篷上掉下来，落入衢江不见了。

周宣灵王实有其人，原名周缪宣，南宋时人，后死在衢江。岸上人也信周宣灵王，钱塘江各府州县都有宣灵庙。

戏班出行也要祭周宣灵王，他们出行必走水路，自然希望水神保佑。

部分渔民信关老爷。关羽的水军厉害。九姓渔民的祖先是水军出身。关羽谐音管鱼，又被当成渔神。

船妓也信关老爷，关老爷也是妓船的神。

Q：渔民们最远到什么地方？

A：杭州、严州、徽州、金华、衢州，沿钱塘江，只要船能到的地方，我们都去。

Q：渔民们几大节怎么过？

A：渔民过春节、清明、端午、七月十五。船提前开到远离码头的地方，成扇形，和岸上人隔离开，不想在欢乐的日子看人白眼。年三十晚上供三牲，还年福时妇女小孩要回避，不准讲话。还完年福对天烧纸，对灵王像烧纸，然后吃年饭。

大年初一妇女休息，男人烧饭。中午吃素，晚上开荤。初三、初四到祖先坟上烧纸，叫上新年坟。正月初一到十五，每天早晚给灵王上香烧纸。

正月十五船头张灯结彩。晚上祭灵王，供酒、饭、豆腐、一刀肉、一只鸡、一只鱼、一双筷、一把刀。祭完一家吃还福肉，叫过小年。

清明扫墓，踏青。

端午节喝雄黄酒、吃大蒜、吃鸭蛋。吃鸭蛋要用三根灯草烧皮肤。不过，以船为家的九姓渔民不赛龙舟。

七月十五请和尚道士超度亡魂，一连三天。最后一天唱目连戏，还会驱鬼。

船妓为了迁就外地嫖客，会过中秋和重阳节。

每年佛诞日，船妓相约结队拜神佛。早出晚归，一天要跑十座庙，叫烧十庙香。

Q：渔民们衣着上有什么讲究？

A：男人扎青头巾，穿青色粗布短衫长裤，衫大襟纽扣往右。女人穿广裙、长袖内衣、绸缎外罩布衫，衣不过青、黑、白三色。在船上，男女赤脚，男人在拉纤时穿草鞋，冬天要穿笋壳草鞋。

上街进城不准穿鞋。即使穿也不能穿整只，要脚后跟踩下去拖着穿。否则岸上人会辱骂。不准穿长衫马褂。冬天最冷的时候也只能穿一件短棉袄，腰里系一根带子。

普通妇女不能缠足。船妓缠足服饰华丽，和岸上的妓女无异。

也真是受罪。孩子们冬天也光脚，会拿着用柳枝串起的小鱼小虾上岸，换米换油贴补家用。一双小脚冻得通红，直到麻木。哪儿会想到穿鞋，多走几步，脚冻僵了也就没感觉了。

Q：船上日常饮食呢？

A：以大米为主，一天吃四餐。不出江捕鱼时吃三餐。菜和岸上人无差别。制风肉，烧鱼用水汆，很少用油，以咸为主，很少吃甜食。喜宴上用渔家头道菜——九姓团圆锅，头道菜里有鸡蛋、鱼肉、韭菜、野生菌、马蹄、笋，蒸制而成。团圆饭里有蛋饺、鸡块、肚片、虾、黄鱼、笋片、青菜。

待客时，主人以筷指鱼，客人吃第一口。不吃鱼眼，不翻鱼身。

Q：船上还有什么禁忌？

A：主要是船头。行船中女人不能走到船头，外来人脚不干净不能上船头，禁止在船头或对着船头大小便，女人不坐船头。

船岸之间的跳板不搭在船头。

和"翻"谐音的字不说，比如帆叫风篷。开船时不准讲话，更不准问到哪里，什么时间会到。船开长途，烧过纸，抛过茶叶米，船撑动后，谁叫谁喊都不能应。

Q：捕鱼有什么讲究吗？

A：有的鱼能抓，有的鱼不能抓。

不抓鳡鱼和鳗鱼，细长的鳡鱼如棺材杠，鳗鱼像棺材索。

不抓从岸边跳入船舱的鱼，因为这是向江心逃难的鱼。

从江心跳入船舱的鱼则抓之无妨，它往岸上跳是自己找死嘛。不捞鲶鱼、黄刺鱼等无鳞片的鱼，要捞须先丢一把铜钱表示是用钱买的。

Q：听说富春江的鲥鱼很珍贵，每年捕到的第一尾鲥鱼会送给官家？

A：九姓渔民春天捕到的第一尾鲥鱼要送给桐庐的知县大人，第二尾送给严州府的知府，第三尾送给建德县的知县。知县、知府大人们收到鲥鱼后不敢白吃，至少要赏银十两。

Q：渔船官家会管理吗？缴税吗？

A：清以来把渔民编为伏、仁、义、礼、智、信、捕7个字号，有大小船只2000多艘。会当作水军使，一年换一次舟符，也叫邮票。会缴鱼课，就是纳一点税。

Q：到了陆上，您有什么不习惯吗？

A：不怕您见笑，我上岸会头晕。

事后，方桀如写了篇《百五岁老妪》，记录了陆上人和一位终身生活在水上的百岁渔女的交谈。

方桀如访问陈阿婆131年后的清同治五年（1866），严州知府戴槃作《严郡九姓渔民考》，奏请朝廷免除九

九姓渔民改贱为良碑

姓渔民鱼课，并令改贱为良。官府贴了告示，刻了石碑，还给九姓渔民发了准予改贱为良的凭证。

石碑毁于"文革"。

戴槃作《严郡九姓渔民考》，对九姓渔民来源于陈友谅旧部的说法用了"据说"字样。

九姓渔民的来源依旧成谜。

总体有以下几种说法。

一是南宋大夫遗族。南宋亡后，他们携家眷避世居船上，不舍舟就陆，不与当地居民通婚，以明不践元土。

二是元代部分汉人。相传当元主宰割华夏，此九姓助虐压迫汉人，为明太祖所罚，使其世代操此贱业，常泊严子滩头。

三是明朝歌妓之后。明朝缙绅之家可以自蓄戏班歌妓，官绅富户败落后，艺班无以为生，流落江上以此营生。"娥眉队队斗妍华，九姓于今莫向他。如此江山怨长夜，相逢况是在天涯。"

四是陈友谅部属。相传陈友谅部属共九姓，明太祖锢元，不齿诸民，故其子孙无寸土，唯船于家，男作船户，女多流娼。

当然，他们会不会是跨湖桥人后人？后发展成百越一支？后成为疍民？而九姓渔民也是疍民的一支？他们对于水是天生亲爱，钱塘江又给了他们依水而居的天然资本。

不管怎么说，九姓渔民是最熟悉钱塘江的人，一叶扁舟，出没风波里。不论真实面貌如何，唯一可以确定的是，这个交织着各种传言的族群，已在江面漂泊了千百年。

1969年，九姓渔民陆续在三江口上岸，一点一点建起新家园，就是现在的九姓渔村。

他们独特的婚俗被开发成旅游项目，有人天天扮演被抛过船的新娘。

沿钱塘江上溯，据说，更久以前有一条河流开悟了。

富春江的开悟

一位须发皆白的老者在一条河流边盘腿一坐多日,不食不眠不语。有一天他站起来,对着江水作揖,然后转身离去。

他完全知道他身后制造的传奇。

老者是黄公望。

吴问卿要死了,他唯一放不下的是《富春山居图》。这幅画是爷爷买来的,传给父亲后,父亲又传给他。他吃饭要看着,睡觉要抱着,甚至还专门给《富春山居图》建了富春轩。真的,他对情人也没这么好过。甚至,在战乱之际,他什么都不顾,鞋都穿不好,只抱着《富春山居图》跑了出来。《富春山居图》就是他的命根子,是世间的另一个他。他要死了,他必须把另一个他带走,他不能把另一个他单独留在这污浊的世间。

他命家人烧,烧掉另一个自己。眼看他不瞑目,家人只好把画投入火盆。火光熊熊,吴问卿合上了眼睛。此时,他的侄子一步上前抢出了这幅画。画断成两截。

经过修补，《富春山居图》分成《剩山图》和《无用师卷》两部分，相当于身首异处，在世间继续流转。

浙江分三段。新安江段古，富春江段美，钱塘江段野。

新安江段古，近源头，不疾不徐，静水流深。

钱塘江段野，产生了弄潮儿。

富春江作为浙江最美的身段，引来各色人等，天地之美能够安抚人心，达成世间的和解。

"风烟俱净，天山共色。从流飘荡，任意东西。自富阳至桐庐一百许里，奇山异水，天下独绝。"

黄公望是富春江引来的奇人，隐士，开悟者。

黄公望就在富阳庙山坞口的白鹤村小洞天隐居：

> 此富春山之别径也，予向构一堂于其间，每春秋时焚香煮茗，游焉息焉。当晨岚夕照，月户雨窗，或登眺，或凭栏，不知身世在尘寰矣。额曰小洞天。（黄公望自题《秋山招隐图》）

在画室南楼，他画出了惊世之作《富春山居图》。

黄公望本是陆姓人家的孩子，少小家贫，被过继给黄姓人家。关键是黄家的父亲已经九十多岁，一直找不到合适的继子，直到看见黄公望，很是喜欢，于是为其取名为黄公望，字子久。意思是黄公望子久矣，今天终于有了自己的儿子。相当于父子奇缘。

黄家家境不错，黄公望被悉心培养，十二岁参加过神童科的考试。

黄公望生在南宋末。

很快，宋被元灭。

黄公望在元代做过基层的税务小官，并且还给自己惹来牢狱之灾。

因上司贪腐被牵连，四十七岁入狱，出狱时已经年近五十。

牢狱之灾相当于断了他对于官场的念想。

出狱后，他做了几件事，一是和赵孟頫学画，二是加入全真教，三是放下了世间的颜面摆摊算命以卖卜为生，四是游山玩水放纵天地间。

七十九岁那年，他与师弟无用师游历到富春山。富春山临富春江，江边有高士严子陵的钓台。

画《富春山居图》的原因，黄公望自己在跋尾说得很清楚，是画给师弟无用师的。

无用师几乎是撒娇地问黄公望："师兄，我的画什么时候能画好？"

黄公望答："只要回到南楼，我也是每天会画上几笔的。"

无用师说："师兄，你画了三四年了呢。可不可以画快一点？"

无用师又说："师兄，你可不可以在画上写，《富春山居图》是特意画给我的？"

黄公望看着这个比自己小不了几岁的小老头，一时好笑，不过他答应道："当然可以。"

而他也是兴之所至，想起来就画画，想起来就画画。加上到处游走，画得断断续续。后来又修修改改，前后持续多年。

更有意思的是，作为算命先生，他预知了画的命运，虽然明言送给师弟，却也说会被巧取豪夺。

完整的《富春山居图》画的是富春江沿江景、事、物、人。人有七个，有渔夫，有樵夫，有读书人，有游客，不细看都找不全。有大山雄浑顶天立地，有小山堆叠取暖依偎，有大水漫漫穷处云起，有小水潺潺雾缠山腰。有屋居山间，有桥渡流水，有舟行水上，有亭隐树丛，有树自言自语，有鸭群离江，有草风吹如过雁，有所有的出发归来。

时间日久，打柴的樵夫，打鱼的渔夫，浣衣的少女，嬉戏的孩童，爱说话的鸟儿，且绿且黄的草，且开且谢的花，都认识这个须发皆白的老头儿。老头儿要么山间啸歌，要么水边饮酒，有时顺手把上了树不会下树的小花猫救下来，有时摸摸跟着樵夫的大黄狗。有时又见他从画囊里掏出纸笔，随时写生。变化的云从天际看见自己入了老头儿的画，莫测的水通过云也看见自己入了老头儿的画，那些老树知道自己入了老头儿的画以后，再看见老头经过都哈哈哈笑起来。

已如仙般的老头儿也回应着大笑起来。

老头儿爱大笑：看着水击岸石，他会大笑；舟泛江心，他也会大笑；酒漏瓶碎，他会大笑；画画得开心，他把笔一掷，也会大笑。

回小洞天的路上，白色的苕花从秋天开到冬天，一旦风起，它们就开始摇荡。萧瑟之际，突然又有红梅冒出来。

富春江除了是一条自然的河流，也被抽象为哲学的河流，也被意会为人文的河流。

他在卖卜生涯中窥透了人世的真相，于美中和自己达成和解。

最终，黄公望在一条河流中开悟。

最初，画当然是在无用师手中，师弟无用本名郑樗。经历元代灭亡的世变，在无用师去世后，画便不知下落。

至明成化年间，《富春山居图》流转到大画家沈周手里。沈周也珍爱至极，日日把玩。不想画在送去请人题跋时被那家的儿子诈走。他凭记忆意临了一幅"山居图"。

后来，沈周把《仿黄公望〈富春山居图〉》送给一位叫樊舜举的朋友。此人从此开始留意真迹的下落。终于有一天，他寻到了真迹并重金买了下来。

沈周被樊家邀请做客，当樊舜举把两张《富春山居图》一起摆在沈周面前时，沈周的激动可想而知。他想不到

有生之年还能和《富春山居图》重逢,而且是和自己背临的仿本在一起。樊舜举请他在画后题字,他写了他和画的故事。

提笔先是:此画曾经在我家住过。

可想难过是有的。

不过,画之辗转,在他看来,画有画的命运,是冥冥中黄公望不想让画在他家。他把一切归为天意,没有对骗画者的恨,也没有再拥有画的欲望。

一如《富春山居图》里只可意会的通达和辽远。

后来《富春山居图》在谈志伊、安绍芳、周台幕等人手里流转,明末到了大画家董其昌手中。后来,董其昌因家庭破产而把《富春山居图》典押给了吴达可,却再无能力赎回。吴达可将《富春山居图》传给了儿子吴正志。吴正志又传给了儿子吴问卿。

对,就是要把画烧掉带走的吴问卿。

〔元〕黄公望《富春山居图》（局部）

乾隆十年（1745），乾隆皇帝得了件宝物——《富春山居图》现身。乾隆皇帝题写癖发作，一年里在长卷的留白处作诗题词五十多次，盖大章小章无数，以示画作被临幸。

想想都替画窒息。

不想第二年，又有地方官进献《富春山居图》。乾隆帝鉴定第一幅为真迹，而后一幅为伪作。不过，皇上说，伪作也不错，皇宫里且收着。

事实上，被定为伪作的才是真迹。于是，打眼的乾隆帝终于没有在真迹上胡题乱写。真迹得以逃过一劫。

一个庞大的王朝，一堆豢养的文人，皇上说假的是真的，于是假画就真了两百年。

皇上打了眼，不能再自己打自己的脸。

黄公望对于这件事怎么看？

他算到了，易经乾卦里有一个爻，叫潜龙勿用。哈哈，乾隆勿用。《富春山居图》又逃过一劫。

不管怎么说，这两幅画一直藏于清宫内府，清亡后仍藏故宫。后被带去台湾，至今真伪二卷均藏于台北故宫博物院。

《剩山图》也辗转于各个藏家手中，抗日战争时期为近代画家吴湖帆所得。1956年献给了浙江博物馆，是浙江博物馆的镇馆之宝。

黄公望在公元1350年于画末题跋落款庚寅年，从此此画的命运不断在庚寅年出现转折。

吴问卿烧画在庚寅年。

浙江、台湾两地《剩山图》和《无用师卷》合璧的运作达成共识在庚寅年。

堪舆家能从《富春山居图》里看到风水。画里有来龙，有去脉。山脉起伏为龙，主峰称为来龙。谷间溪流称为脉，其主流则称为去脉。来龙去脉有着从头到尾脉管一样连贯着的地势。

而佛家看到了因果。事情的始终来去都在这一脉山水间隐秘地呈现。

道家的无，从跋尾里赠无用师开始，到结束为苍茫大地不绝山水达到极致。

作为精通音律的人，山水之间暗含的节奏也在不经意间传入心底。

而一幅画里又暗含了一个人的命运。高低。起伏。错落。有和空。

他画的是时间，是不变中的变，是变中的不变。

那种最深的执着以富春江的江和富春山的山流淌出来。

远山长，云山乱，晓山青。他在向人的高度苏东坡先生致敬。

我们可以想象，一旦意会了画中真意，观画人是如何不可自拔。

这幅画像是被施了魔法，而解除魔咒的方法是去一去真正的富春江。从画里走出来。

人来来去去，富春江还是富春江。

山居图前半段《剩山图》和后半段《无用师卷》于2011年合璧，在台湾展出。后来更有一部因大牌云集却口碑奇烂而被顶上热搜的电影——《富春山居图》。

传奇还会继续。

钱塘江并不总是暴跳如雷，它对一个人很温柔。

那个人对柳树很温柔。

柳树的念想

萧山的水突然很无聊，萧山的柳树突然很寂寞。有些日子看不到那个贺担僧了。平日里只见他担着一副箩筐——箩筐是一种古老的农具，用来担禾担稻、担菱担藕。贺担僧的箩筐有些特别，前箩筐担一位瘦小的阿婆，后箩筐担一堆之乎者也的书。于乡间穿行时看着哪里有柳树制造的浓荫，就把阿婆从箩筐里抱出来，自己则取出经史子集，摇头晃脑读起来。

时间日久，阿婆被当地人称为箩婆。箩婆慈爱地看着儿子，她有时会内疚，都怪自己身体不好，影响了儿子的大好前途，他早就应该进京赶考，求取功名，在世间扬名立万，光宗耀祖。

萧山的山水亲人。当山和水发现箩婆和贺担僧消失了些日子，才知道，箩婆已经往生，而他的儿子也终于心无挂碍地坐船沿运河去了遥远的北方。

贺担僧就是贺知章，箩婆是他的母亲。至今，当地有河名箩婆河，有桥称箩婆桥，有庙尊为箩婆寺。

如果说贺知章，你还想不起来的话，再友情提示下，小时候背过的"碧玉妆成一树高，万条垂下绿丝绦。不知细叶谁裁出，二月春风似剪刀"谁写的？还想不起来？就是那位写了"少小离家老大回"的老爷爷，你我从小到大常被拷问"乡音无改鬓毛衰"的"衰"怎么读。

柳树这种最普通的树被夸得心花怒放，它们把贺知章当成另一个物种的知己。于是，每一棵柳树心里都住着一个贺知章，每一个叶落归根告老还乡的中国人心里都有一个贺知章，这是萧山送给我们的乡愁。

水乡长大的贺知章是从家门口乘船走的。他在一个早晨来到西陵渡，然后渡江北上找皇帝去了。

> 江皋闻曙钟，轻枻理还舼。
> 海潮夜约约，川露晨溶溶。
> 始见沙上鸟，犹埋云外峰。
> 故乡杳无际，明发怀朋从。

这是钱塘江最深情的江景，江边的西陵渡口听得寺院的钟声。许是时间够早，许是钱塘江知道这次送别不同。西陵渡在杭州对江的萧山，渡口古来就是制造离别的地方。

"海潮夜约约"。——夜生的海潮隐隐前来，一波又一波。

被无数诗人描摹过的坏脾气的钱塘潮在送别贺担僧时变得婉约缠绵，这条江像是要示好——忘掉我的坏脾气吧，如果可以，请你回来。

钱塘江潮用柔波一点一点送诗人远去。五十年以后，江潮会迎接他归来。

故乡隐在山的一边、水的一边：我还没有离开，已经开始想念你。事后看来，钱塘江这次送走的是杭州的圆满。

从家门口乘小船经萧绍运河过西陵渡北上，故乡的温润成就了他完美的一生。人在天地间的尊贵、华美、潇洒、从容、疏狂，皆成为可见。

似乎是刚刚告别萧然山，一转眼就是五十年。

北方，长安，一场盛大的告别绵延数日。

主角是贺知章。其时，他已经八十六岁，是古人少有的高寿。

他先是和皇上请辞，理由是年老，想要出家修道。当时的皇上是唐玄宗李隆基，给中国人制造过惊喜和八卦的奇葩皇帝。

〔明〕戴进《浙江名胜图》（局部）

贺知章最后的心愿是请唐玄宗给他的小儿子赐一个名字。皇上赐名，这可是不得了的荣誉。皇上痛快地答应了。皇上捻着龙须，沉吟良久："孚者，信也，你儿子就叫贺孚吧。"

贺知章美美地谢主隆恩。等他回到家乡，时间日久，越琢磨越不对，孚字从字形上看，是爪子啊。皇上又开老夫的玩笑了，我儿这不成贺爪子了吗？

贺知章好谈笑，和人玩过不少恶作剧。宰相张九龄被贬出京，他去送别，谢谢张的日常照拂。张说我可没照顾过你。贺知章说，这么多年同朝为官，有你在，至少这些北方人说起"獠"来，有你垫底。你走了，"獠"这北方人嘲笑南方人的事物大概会落到我的头上了。张九龄多正经的人啊，人生里想起贺老一次就要笑一次。

不想最后被皇上捉弄了一下。

表弟陆象先在朝中官至宰相，常跟人说，众多兄弟中，他谁都不想念，只有贺知章，一天不见就感觉生而无趣。

岐王李范是玄宗李隆基的弟弟，李范去世后葬礼相当隆重，要在贵族子弟里选挽郎，就是在出殡时一批十四五岁的贵族子弟牵引灵柩唱诵挽歌。直接的好处是挽郎的档案会被移交吏部，得到提拔任用。

选挽郎却是一件出力不讨好的事，斟酌再斟酌，还是出了问题。没当上挽郎的少年们聚集在贺宅外面，要贺知章出来说话。贺老也不含糊，架起梯子登上院墙露出一颗花白的脑袋，摇头晃脑解释半天，少年们仍旧不依不饶。

贺老一着急，喊起来，听说宁王李宪也不行了，你们很快就有机会做挽郎了。少年们一听，这才四散了。

有这样说话的吗？这事放在别人头上是死罪，贺老说出来就理所当然。皇上也只是给贺老调了调岗位。私下里说，真是麻烦你老哥啦。

这件事在《旧唐书》《新唐书》中都有记载，可想是真的。场景真是又萌又喜。

唐玄宗准备到泰山封禅，祈求天下太平，大唐江山永固。朝堂上大臣们吵得不可开交。一派主张清明封禅，一派主张开国之日封禅。贺知章说你们别吵了，封禅之事贵在一颗为民之心，何必拘泥于时间呢？

你以为人家只顾喝酒吗？分内之事一件不落，并且爱岗敬业：初授国子四门博士，后迁太常博士，相当于大学老师，一做就是二十七年。六十四岁入丽正殿书院参与撰修《六典》《文纂》，不等书成，又转太常少卿。六十七岁为礼部侍郎、集贤院学士。后调任太子右庶子、侍读、工部侍郎。给太子李亨当老师。再后来升任太子宾客、银青光禄大夫兼正授秘书监。

从三十七岁离开萧山到长安，到八十六岁告老还乡，在长安生活了近五十年。

酒醉之后写字不惜笔墨，要把纸写尽为止。时人评价其书法与自然争造化，不是人工能达到的。有草书《孝经》传世，现藏于日本。

贺知章比李白大42岁，比杜甫大53岁。却没代沟。

他一派天然。我狂，来了个比我更狂的，我喜欢。一看李白的《蜀道难》，这是谪仙人啊。

黄昏是一团温柔的粗暴，让人不由得想喝酒。

没钱？摘下腰间的金龟扔给胡姬，好酒好菜上来。醉了又怎样？掉到井里就在井里长长地睡一觉。

酒醒后把这个小40多岁的小兄弟推荐给皇上，不得意的李白被皇上赐了个供奉翰林。

贺老现存诗20首，多为祭神乐章和应制诗。回顾起来，就是"材料狗"华美的一生。材料之外，一出手就是千古绝唱。

天宝三载（744）的告别，是盛唐的告别，是长安的告别。

皇上只写一首诗送别不过瘾，那就再写一首。太子李亨率百官饯行。贺知章去世多年后，他的学生、后来的肃宗皇帝李亨突然想起自己的老师，悲从中来，追赠老师礼部尚书。

八十六岁的老人，酒喝了一场又一场。终于又坐着小船儿晃晃悠悠回到了杭州，过钱塘江，来到西陵渡，回到萧山。那一天，萧山的柳树奔走相告，啦啦啦，啦啦啦，当初那个贺担僧回来啦。柳树们口口相传，柳叶们捂嘴而笑，柳条们在水边跳起舞来。于是惊动了水里的鱼。水里的鱼又奔走相告，鱼们集体摆起了尾巴。

从此，世间再没有一个人能如此圆满。他有箩婆这样的母亲，他有李白这样的知己，他遇上了唯一的武曌，他有唐玄宗这样的皇上，他有李亨这样的学生，他有"爪子"这样的儿子，他有萧山这样的故乡，他有"春风不改旧时波"这样的还乡诗，他骑北方的马，乘南方的船。他的书法与自然争造化。他有酒纵横天地，他能看见柳树这种普通事物的美。

他身上有仙，有佛，有道。

他对万物有深情，但对外物又不恋栈，五十年繁华，舍宅为道观，求湖做放生池。

归乡只为死去。像是安排好的。

贺夫人虽无记载，但能容他日日醉酒并且把宝珠拿出来送给一位骑驴老人，应该不是普通人。

如果说事物有反作用的话，他的深情掀起了人事物的深情。在世间，深情可以应对一切。

他就是杭州的圆满。

他的另一个弟子李泌，是个天才儿童。初见李泌，贺知章就说这小儿目若秋水，智力过人，长大了是要当宰相的。

年方七岁的李泌被召入宫，唐玄宗和张说在下棋，命张说试一试李泌的才能。

张说看着棋子说道："方若棋局，圆若棋子。动若棋生，静若棋死。"

李泌当即回答："方若行义，圆若用智。动若骋材，静若得意。"（《新唐书·李泌传》）

李泌后来给太子当伴读，相当于贺也是其老师。

安史之乱，李泌助太子李亨挽回时局。平定战乱后，李泌做了唐肃宗的宰相。——贺知章的预言成了真。

李泌和李亨少年时的友谊一直延续，出游时百姓说，穿黄衣服的是圣人，指李亨。穿白衣服的是山人，指李泌。李泌也好佛道，很有贺老师的风范。

李泌后来做过一任杭州市长，凿六井，通过地下管道最先把西湖水引入杭州城，解决了杭州人的吃水问题。他也是后来的白市长和苏市长相当佩服的人。

相当于贺知章还给杭州培养了一任有作为的市长。

沿开悟的富春江而上，诗人们因为新安江打得不可开交。

新安江的诗歌打斗

天宝十二载（753），大约在贺知章去世近十年后，李白又在皖浙一带游荡，时时出没在钱塘江的源头之一新安江沿线。

这一时期的李白应该比较郁闷，经老友贺知章和玉真公主推荐，做了十多年御用文人，确实也厌了倦了。说来李白也是能作，说是想学严子陵富春江钓鱼，跑去和唐玄宗辞职。

唐玄宗没挽留，一口答应了，来了个"赐金放还"，就是给了一笔钱，让他该干吗干吗去吧。

自由吗？自由。山水间是真自由。难过吗？难过。时不时要望一望长安。孤独吗？孤独。不然不会有"众鸟高飞尽，孤云独去闲"的感慨。

游池州时写下了《清溪行》：

清溪清我心，水色异诸水。
借问新安江，见底何如此。
人行明镜中，鸟度屏风里。

向晚猩猩啼，空悲远游子。

诗说清溪清，还能清人心。不过拉了个垫背的，新安江不是号称清澈见底吗，比起清溪如何呢？可想更早以前新安江以水清在江湖成名。遇上李白这个杠精，也就没办法。

清溪源出石台县，流经贵池城，与秋浦河汇合，出池口汇入长江。

他所敬爱的孟夫子孟浩然直接赞：

湖经洞庭阔，江入新安清。

唐时的刘长卿也说：

想见新安江，扁舟一行客。
清流数千丈，底下看白石。

而唐朝卢象也说：

吴越山多秀，新安江甚清。

孟夫子还写过《宿建德江》：

移舟泊烟渚，日暮客愁新。
野旷天低树，江清月近人。

建德江是新安江流经建德的一段江水。

建德在三国孙权时置县，唐时武则天将睦州州治迁至建德，宋徽宗改睦州为严州。因此古时建德也称睦州或严州。新安江、兰江在此汇入富春江，经桐庐、富阳直达杭州。

当然，赞"江入新安清"的孟夫子已在开元二十八年（740）去世。

更早以前，他们一起在江汉游历，诗酒唱和，也是快意人生的一段。

李白同学想起亲爱的孟夫子，那个风流的道人，不由得望了望水中的月亮。

更久以后，苏东坡过富春江七里滩，写了《行香子》：

一叶舟轻，双桨鸿惊。水天清、影湛波平。鱼翻藻鉴，鹭点烟汀。过沙溪急，霜溪冷，月溪明。 重重似画，曲曲如屏。算当年、虚老严陵。君臣一梦，今古空名。但远山长，云山乱，晓山青。

怎样的溪都美。

李白同学会不会被气着？

"惟江上之清风，与山间之明月，耳得之而为声，目遇之而成色，取之无禁，用之不竭，是造物者之无尽藏也。"（《赤壁赋》）

宋神宗就问过左右，李白和苏轼谁更有才。然后自己回答："李白虽有苏轼的才华，却无苏轼的学问。"

苏轼是替皇家拟过八百道圣旨的人。即使这样，也一样在朝堂上混不下去，被一贬再贬。

第一章　钱塘江

新安江清

宋人一直坚持——新安江清。

杨万里说：

金陵江水只咸腥，敢望新安江水清。

梅尧臣也说：

一见新安守，便若新安江。
洞澈物不隔，演漾心所降。

新安江是浙江的上游，从六股尖到建德的梅城镇三江口叫新安江，从建德梅城至萧山闻家堰称为富春江，从萧山闻家堰到入海口为钱塘江。

新安江是中国最具古意的山水，一不留神，就被诗人们捉来表达喜清厌浊的情怀。

新安江沿途多变。

唐代孟云卿（一说权德舆）说：

深潭与浅滩，万转出新安。

清代诗人黄景仁说：

一滩复一滩，一滩高十丈。
三百六十滩，新安在天上。

新安江接受诗人们的赞美，也在险中求静，不动声色地把自家子弟一叶扁舟送往浙江，送往杭州，送往辽阔的海洋，最终成就了称雄商界500年、能左右国家经济命脉的徽商，即新安商人。

当地人对"新安"二字有迷之眷恋，所有文化结晶都冠以"新安"的前缀——新安理学、新安朴学、新安画派、新安医学。据此可以推测，这些都是他们对一条河流的感念。

新安江在历代诗人的诗歌打斗里，呈现了我们想象不出的美。

新安江的水下面淹着两座古城，一个是贺城，一个是狮城。新安江水库建设，29万人移民，两座浙西古城，连同27个乡镇、1000多个村庄、30万亩良田和数千间民房，悄然沉入水底。那是另一个关于水的故事。

"货与帝王家。"黄公望把中国文人曲曲折折的大心事小心思都一一在画里呈现了出来。他自己反正是解脱了，看明白他画的人自然也会解脱。

黄公望脚踏长长的毛竹，手持尺八，在江面倏忽往来。作为仙家道人、全真弟子，他已经不为形物所拘，往来山水间。

想想诗人们为了哪片山水清用诗歌打斗，他也只是哈哈一笑。

他更想知道，一尾鱼的精神世界。

一尾鱼的精神世界

春天来了，鲫鱼和鲫鱼相约，去找一位隐士。

他们从海里一路游来，游到钱塘江入海口，溯江而上。

鱼要找的是隐居在富春江的严子陵。

严子陵是刘秀的同学。

刘秀当了皇上，想起少年时的玩伴——风度翩翩又才华横溢的严子陵。

他依记忆绘出严子陵的样貌，到处张贴散发。

有人报告在齐地看到一个披着羊皮袄在垂钓的人，面貌与画像相似。

果然是严子陵。

然而，这个人拒绝做官。

他还说，人各有志。像尧那样贤明的君主，想要请许由当官，许由都要清洗耳朵。你又何必强迫我做官呢？

好吧。不做官就不做官，叙叙旧总可以吧。

忆往昔没收住话头，一聊就聊到半夜。

刘秀干脆和严子陵同榻而眠。

严子陵睡熟了把脚压在刘秀肚子上。

第二天，太史奏告，有客星冲犯帝座。

刘秀大笑：朕与故人严子陵共卧耳。

后来，严子陵又回到了山水间，继续耕读钓鱼。

日子就这样过了下去，一直到他八十岁。

严子陵是中国文人心目中向往的样子。

李白同学写过：

> 昭昭严子陵，垂钓沧波间。
> 身将客星隐，心与浮云闲。

范仲淹老师也说：

> 云山苍苍，江水泱泱。
> 先生之风，山高水长。

范老师还说，桐庐潇洒。

事情的起因说来有点不好意思，嗯，就是郭皇后有一天因为吃醋把宋仁宗的脖子抓破了。郭皇后吃醋也没什么大不了的，山西人嘛。宋仁宗虽然脾气好，但这一次也是动了怒的，一定要废掉郭皇后。范仲淹不同意。不同意？好呀。外放为睦州知州。桐庐为睦州辖县。

青山南北夹峙，碧水东西长流。桐庐藏在分水江和富春江的交汇处，四面是小小的山。它像个顽皮孩子一样突然出现在范仲淹的面前，一再地逼问老人家："惊不惊喜？意不意外？"

既惊且喜又意还外。范仲淹把两个最好的字"潇洒"送给了桐庐。

什么是潇洒？不困于物，不乱于心。

王羲之是潇洒，李白是潇洒，潘阆是潇洒，伯颜是潇洒，文天祥是潇洒，黄公望是潇洒，秋瑾是潇洒，毛泽东是潇洒。严子陵是潇洒，而范仲淹自己也是潇洒。

一座城的气质就这样被范仲淹大笔一挥拎出来。

那么范仲淹到底做了什么？他给桐庐献诗十首，每首起句都是"萧洒桐庐郡"。从此再没有人能超越他对桐庐彩虹般的赞美。

诗里所写今天看来的雅事，在当时就是桐庐人家的日常生活。

原谅我全诗照录，省得你再去问度娘：

一

萧洒桐庐郡,乌龙山霭中。使君无一事,心共白云空。

二

萧洒桐庐郡,开轩即解颜。劳生一何幸,日日面青山。

三

萧洒桐庐郡,全家长道情。不闻歌舞事,绕舍石泉声。

四

萧洒桐庐郡,公余午睡浓。人生安乐处,谁复问千钟。

五

萧洒桐庐郡,家家竹隐泉。令人思杜牧,无处不潺湲。

六

萧洒桐庐郡,春山半是茶。新雷还好事,惊起雨前芽。

七

萧洒桐庐郡,千家起画楼。相呼采莲去,笑上木兰舟。

八

萧洒桐庐郡,清潭百丈余。钓翁应有道,所得是嘉鱼。

九

萧洒桐庐郡,身闲性亦灵。降真香一炷,欲老悟黄庭。

十

萧洒桐庐郡,严陵旧钓台。江山如不胜,光武肯教来。

诗就不一一解读了,解读是对诗性最大的破坏。

再说回到严老师。

皇上召唤,他不去。

一座山深情呼唤,他来了。

这座山就是富春山。

从此,他隐居此地。

从此,这座山成为中国文人的高度。

富春江是条感潮河流,钱塘江潮水大时可从钱塘江口涌到严子陵钓台。

早潮归去晚潮来,潮去潮来日几回?郎信不如潮信准,一天两到子陵台。

富春江边,他钓鱼的地方,后人称严子陵钓台。

他真的在钓鱼吗?

一尾鱼从海入江,追随而来,期待和一位隐士互动。

鱼游啊游,游到严子陵钓台,围着严子陵绕三圈,拜三拜,严子陵用朱笔在鱼的额头点了一点。

鲥鱼的额前从此有了一点红。

严子陵钓台在桐庐县城南 15 公里富春江畔的富春山麓。富春山高 150 米,绵延 35 公里,山畔两大磐石,高都在 70 米左右,东为严子陵钓台,西为谢翱哭祭文天

黄宾虹《富春江居图》

祥处。

台近旁，陆羽曾以此地泉水煮茶，品定为天下第十九泉。

真相是：鲥鱼为江海洄游性鱼类，平时分散栖息于近海中上层。春夏之交，从海洋溯河而上，进入长江、富春江等河流的温润之地产卵，产后归海，其名意即来去有定时。

那是一尾鱼的精神世界。

这个精神世界里藏着严子陵，藏着李白，藏着范仲淹，藏着苏轼，藏着张爱玲。也藏着我们自己。

水中西施，南国绝色。鲥鱼爱美到了无以复加的地步。鲥鱼被渔网兜住，绝不乱蹦乱跳，怕弄坏自己一身漂亮的银鳞，因此又叫惜鳞鱼。

惜鳞鱼的鱼鳞细而柔，本身也是一种美味，烹煮时不去鳞。

张爱玲就说过，人生三大恨事：一恨鲥鱼多刺，二恨海棠无香，三恨《红楼》未完。

并且，鲥鱼离水便死，对江水有最深厚的眷恋，对世间又有一股决绝，且迅速散去最鲜美的味道。

钱塘江入海口呈喇叭状，淡咸水交汇，送来了众多鱼类。

当地人有吃鱼时间表：

正月菜花鲈、二月刀鱼、三月鳜鱼、四月鲥鱼、五月白鱼、六月鳊鱼、七月鳗鱼、八月鲃鱼、九月鲫鱼、十月草鱼、十一月鲢鱼、十二月青鱼。

未能抛得富春去，一半勾留是江鲜。

每年要游到桐庐严子陵钓台上游去生娃的鲥鱼,在地球上生活了亿万年后被大量水工建筑阻碍了洄游通道,他们再也游不到产卵的地方。——富春江鲥鱼已经绝迹。

来看一组数据变化:

1936 年钱塘江全域鲥鱼产量 175 吨。

1971 年富阳鲥鱼产量 6 吨。

1981 年鲥鱼产量 6 斤。

1989 年桐庐捕到最后一尾鲥鱼。

后来就没了后来,鲥鱼再也不来去有时,它们真的走了。

弄潮被禁后,抢潮头鱼成了弄潮儿和潮互动的另一种方式。

男人去抢潮头鱼,女人在家里等。

男人不回来,女人是不开饭的。家里孩子饿得哭,很可能会招来一顿打。

天黑了,女人会点亮一盏灯。即使十五的月亮明晃晃地挂在天上,她也要点灯。灯让她的心定一定。

直到男人带着大网小兜、大鱼小虾,划着自家的小船归家。

女人起身去热饭,忍不住还备了酒。

女人看看天上已经斜到一边的月亮，看看床上被自己打过骂过的孩子，突然觉得内疚。

有囡不嫁抢潮郎，宁可嫁给种田郎。

她嫁给他是自愿的。

她和他青梅竹马。

少时，潮来的时候，父兄们跳进潮里抢潮头鱼，他练习和潮赛跑。只要有一天跑过潮头，他就去抓潮头鱼。

十四岁那年夏天，他第一次跳进潮里抓潮头鱼。

他学着父兄的样子，脱光衣裤，肩扛潮兜，眼看大潮由点成线再成面，先是在潮前头跑，拼命跑的同时频频回看，若看到潮里有鱼，他便毫不犹豫跳进潮里，甩开膀子，奋力把潮兜甩过去，网了半兜鱼。他快速跳出潮头，再在沙地奔跑，再一次争取跑过潮头。

没有鱼就一直跑，一直跑，一定要跑在潮水的前面。潮头外都是小鱼小鳗，大鱼大鳗都在潮头里面，抢到鱼后出来时也要跳，一定要跳进去跳出来，不能走，走会被潮水绊倒。

第一次抢潮头鱼就抢到了三条鲢鱼、五条鲫鱼，他想，也没什么难的嘛。

第二年抢潮头鱼，他和三个伙伴一起去。一个小伙伴跳进潮头，只见翻了两个跟头，便被潮吃了。

还有一次抢潮头鱼，他看见潮头里有一尾大鱼，想等大鱼蹿起来。大鱼似乎觉出了危险，死活不肯朝潮头来。他一时等不及，纵身跃进潮头，潮兜连套两次，终于把大鱼套住了。

鱼是套住了，潮水已来到胸部，想跳出潮头已经不可能，他迅速把潮兜柄垫在屁股下面，面朝潮水奔腾的方向，双手紧捏兜柄，两脚伸直上翘，上身后仰，这时潮兜相当于水中的马，兜柄相当于马的缰绳、船的舵，用来把握方向。这样在潮中行了数公里，到潮口时，他用力把兜柄往后推，一脚后跟搭泥，一脚尖跨出大步，一脚再一大步冲出潮头。

这时，同伴们赶来把他拖进船里，他的眼睛被泥沙糊着，耳朵、鼻子被泥沙塞着，嘴含着泥沙，他喷出一口鲜血。

他却觉得还是值得的，那次兜住的大鱼重达五十斤。

潮头鱼白天可以抢，夜里也可以抢。夜里抢要备火把，潮水快要到时，马上点亮火把，往潮头奔去，左手撑起火把，右手握着潮兜，眼睛在火把的亮光里直盯潮头。

台风来也不影响抢潮头鱼，上游冲下来的杂物多，抢潮头鱼就要备上"鱼鹰"。四五十厘米长的木头其中一端钉根大铁钉，看到杂物中有鱼、鳗，就用鱼鹰去斩，一斩住马上把鱼鹰头朝上，迅速放入潮兜。

一次下着雪，西北风呼啸着，他和伙伴们去潮头抢鲻鱼。开始大家都穿着棉袄，潮水快来时，脱去衣裤奔跑在潮头。冷啊，浑身发着抖，牙齿咯咯响，雪狠狠打在脸上，江水漂到船边马上就会结冰。他和伙伴们抢到了金贵的鲻鱼。

从潮水中出来,人像从泥浆里爬过一样,不管多冷,哪怕滴水成冰,都一定要洗完澡,干干净净回家。

他也不是只顾着抢潮头鱼,别的抢鱼人遇险,他也会出手相救。

又有一次,他抢潮头鱼遇险,赶紧氽潮,骑着潮兜一路漂出许多里。因为赤身裸体,上岸后和乡人借了衣服,走了三天才回家。

回家一看,院子里搭着灵堂,她和孩子们穿着孝衣在哭。原来,家人以为他被潮吃了。

为什么要抢潮头鱼?

潮虽然可怕,但也可亲。

潮头鱼会变成家用,变成孩子的学费,变成房子的砖瓦,变成家里心爱女人的脂粉,变成舟船,变成男人的尊严。

抢潮头鱼是祖先留下来的习惯,江边人在水里讨生活是命数,是生存手段,风里跌浪里滚,江边人不怕钱江潮。

看到潮头鱼就会带来好运。何况把它抓了,把它吃了。

抢潮头鱼必须赤身裸体,一丝不挂。穿着衣裤跑不快,着水会阻碍行动,一旦遇险还影响逃生。

潮兜是抢潮头鱼的工具,兜用绳织就,而柄用两米长的竹竿制成。除了用来抢鱼,一旦发生危险,潮兜就是逃生工具。

抢潮头鱼，要眼耳鼻舌身意六识集中。

耳朵要仔细听，听潮声细细最终呼啸而来。潮至身后要不停回头看，看鱼在潮里的位置。鼻子闻到潮沙的腥气，而潮水扑面嘴里难免进入泥沙，要知道，滚滚钱江潮实质上是泥浆水，潮水中近半是泥沙。人完全以身体直接面对大自然，在天地山水间奔跑，意念集中在抓鱼。

赤身站在沙滩上，潮水呼啸而来，脚踩大浪，随潮跑动，见鱼就抓，抓了再跑。

抢潮头鱼的渔民被称为"江猫"，是说他们在潮头像猫一样轻巧灵便，传说猫有九命，猫也是对弄潮儿的祝福。

不只人有这个爱好，江边的鹭鸟也会加入抓潮头鱼的行列，被潮水击晕的小鱼小鳗真是美味。于是你会看到人在奔跑，而大鸟在低飞。

出江入海，远走高飞，归来少年。

少年一定要有自己的独木舟。

他向马尾松要一只独木舟

男人应该有自己的独木舟,并且独木舟最好是自己做的。

他在少年的时候就有自己的独木舟。

8000年前的跨湖桥地区,一个男人没有自己的独木舟是不可想象的。

独木舟是生计,是尊严,是远方,是不可知。

这只独木舟不仅仅是一只独木舟,此前它还是一棵树——一棵马尾松。选择马尾松做船,自然是因为马尾松够高够直够粗够让人喜欢,更重要的原因是马尾松耐水湿,水中千年松,天生适合造船。

明媚少年在山中看上一棵马尾松,那棵马尾松要长到云里的样子,明媚少年和美丽少女两个人都搂不过来。

8000年后,一寸一寸地肢解观摩这只独木舟,当然,这要考古学家才有机会。这棵树有一个树疤。树疤的发现也是让人激动的。因为,树疤掉了。

如果是做了别的物品掉了还好说，偏偏它做了船，那是一定要补上的，还要补得严丝合缝，并且补的那一块木头，是阔叶树。马尾松是针叶树好吗。

还有，除了紧密，树和树之间还有黏合剂。什么做的呢？漆，并且是生漆。说明跨湖桥人对漆已经有了利用。并且当地要有漆树，还要知道怎样取漆。好吧，8000 年前的人其实更懂大自然。那个时候的人也许营养更丰富，采来能吃的就吃，一天靠采集也能吃几十种甚至更多的食物，营养均衡。捕鱼打猎都是顺便玩的，把动物打回来，然后载歌载舞。他们甚至懂得煎草药，懂得喝茶，懂得存橡子，懂得编织。也不用上学，一切都在自然中习得。

独木舟内部有被火烧过的痕迹，这不是杀人放火，是对火的一种利用。

独木舟的制作要动用两种事物，一是火，一是石锛。

马尾松被伐倒，去除枝杈，最挺拔的部分从中间被剖开。明媚少年把树干需要留下来的部分用湿泥护住，然后用火烤需要去除的部分，炭化之后，接着用石锛砍凿炭化的部分，待木头有了小船的大致模样，再用砺石细细打磨，直至一只完美的独木舟出现。

《易·系辞下》记载："刳木为舟，剡木为楫，舟楫之利，以济不通，致远以利天下。"

刳的本义为从中间剖开再挖空，道破了跨湖桥人制作独木舟的天机。

石锛是磨制石器的一种，长方形，单面刃，有的石锛上端有"段"，即磨去一块，称有段石锛，装上木柄

良渚文化石锛

跨湖桥遗址出土的独木舟

可以用来砍伐、刨土。

在 1936 到 1937 年对良渚一带的考古发掘中，出土石器里就有有段石锛。不过，这种石锛没受到重视。

直到 20 世纪 50 年代，考古学家林惠祥在其遗作中指出：有段石锛是中国东南区新石器时代的特征之一。并且，有段石锛最重要的功能是用来制作独木舟。

许多年以后，跨湖桥遗址的发现，证实了林先生的推断，比良渚更早的有段石锛被发现，并且就陪伴在一只正在修理或者改装的独木舟附近。

这种安装在"7"字形木柄上的石锛，是百越文化的一大特色。

跨湖桥独木舟是新石器时代使用有段石锛制造的独木舟，已经是独木舟的成熟和发展时期，也就是说，明媚少年的跨湖桥独木舟绝不是中国最早制造的独木舟。

更进一步推断，浙江，有可能是有段石锛的发源地。

有段石锛随越文化流动。从浙江走向江苏、福建、江西、广东、广西、台湾等地。

基于有段石锛的中国的海洋文明，影响所及不仅在我国东南沿海，而且延伸至太平洋广大区域。

以船为车，以楫为马，往若飘风，去则难从。

古越人水上来去如风。

独木舟的木质里盐分很多,这只舟很可能到过大海。况且,海就在不远的地方。

他要去哪里呢?

很可能他要出海。他答应美丽少女,带她到比江更大的水里去看看。

总之,那只船体上有许多信息,这些信息让我们能和古人对话。

如果愿意,我们还能看见它的主人。他一定很了解风,了解潮汐,了解太阳,了解月亮。他甚至不必扬帆就可以出海。他可以走得更远,随手抓抓鱼,也可以在沿途的岛上歇歇脚。他不必借助更复杂的工具,他看天象就知道什么时候有大风,什么时候风止,哪个岛上有淡水,哪片地方有林子,可以上岸捕一只鹿。拥有最简单的工具,他们就可以生存。如果好奇就一直远走,出了海,可以往北,也可以往南,环太平洋,只要有水,只要小船过得去。谁又知道,吴越人不是他们的后代?疍家人不是他们的后代?九姓渔民不是他们的后代?沿江进了山,谁又知道侗家人不是他们的后代?壮族不是他们的后代?

明媚少年要和美丽少女去海那边看看。

况且,这个地方离钱塘江不远,出了钱塘江就是大海,在一个因水而生的城市,出现世界上最古老的独木船也不必惊讶。

女孩子和女伴们一起去采橡子,采回来又存放在储藏室,一来橡子不容易干,二来能去去橡子的涩味。男人们打不到猎物的时候，稻子也要吃完的时候，橡子也能吃上一阵子。

女孩子其实有点心不在焉。他捕鱼去了。他打猎去了。他做了一只陶罐，女孩子在上面画了彩色的太阳。

他已经打到过几只鹿，他会把自己猎杀的鹿角挂在女孩子住处的外墙上。

他回来了。小姐妹们不客气地接过鱼来，穿在树枝上，他用石镰刀生起一堆火来，大家吃着烤鱼，看着月亮升起来，无端地，她又快乐又忧伤，于是牵起他的手和小姐妹们跳起舞来。

边跳边唱："鱼儿鱼儿，你的船呢？出了江是海。鱼儿鱼儿，你的船呢？出了江是海。"

眼见得月亮落下去了，小姐妹们散了。

他想和她说什么来着，滔天巨浪打来。

他一直没告诉她，他把独木舟送去改装，他要给他的独木舟两边加上木架子，他要把独木舟改造得更平稳、更结实、更可靠，因为他看到过最美丽的大海，他要带着她一起去看看他曾经看过的最不可言说的地方。

他和她生活的地方，8000年以后叫跨湖桥遗址。在杭州，在萧山，在一片叫湘湖的水域。

家园在一次海侵事件里沉入水底，南方文明的源头短暂搁浅。

跨湖桥遗址出现了独木舟。

跨湖桥遗址靠近杭州湾。

跨湖桥遗址最后被海侵湮灭。

一切似乎都和海洋有关。

然而，考古学家说，源头来自钱塘江上游。

他们沿钱塘江而来。

浙江新石器时代的文明史，呈现一种从上游山地向下游平原、从较高海拔向较低海拔分布的趋势。

距今 11000 年前至 9000 年前的上山文化遗址，位于海拔 120 米至 40 米的钱塘江上游丘陵河谷地带。

跨湖春涨

距今 8000 多年前至 7000 多年前的跨湖桥文化遗址，分布于海拔 50 米至 4 米的丘陵平原过渡地带。

距今 7000 年前的河姆渡文化、5300 年前至 4300 年前的良渚文化遗址，广泛分布于杭州湾两岸的平原区。

伴随这一过程的，是遗址数量的增加和人口规模的扩大。

学者推测，从上游山地向下游沼泽湿地的迁徙，或有三大复合发生作用的动力：

一是距今 15000 年前后，由于末次冰期冷高峰的来临，我国东部沿海的海平面约在现在水深 150 米至 160 米附近，最远处的海岸线在今日海岸线以外约 600 公里之远。距今 9000 年前后，东亚地区又出现了短期的干冷反复，钱塘江上游出现了河流干涸甚至断流，先人被迫向环境更适宜的下游逐水而居。

二是稻作农业开始发生，水稻比早期的陆稻有更高的产量。

三是杭州湾河口三角洲丰富的渔猎资源能满足原始人群的食物需求。

跨湖桥文化主体来源于上山文化，处在山地文化向平原文化发展的过渡期，在钱塘江史前文明史中起到承先启后的作用，是中华文明的一个源头。

世界上最古老的独木舟登场。

惊艳世人的是水底一个 8000 年的秘密。

独木舟就是先民延伸的脚，先民靠它进入更大更远的水域，延伸地理空间，也探索心理空间——我到底能走多远。独木舟就是先民探索水的勇气来源，他们从钱塘江上游的山地一直走向海洋，一步步完成了文明的召唤。

杭州从此开启了和船不离不弃的关系。

据说，杭州和三只船有关。

一只当然是跨湖桥的独木舟，是人类海洋文明的源头。

一只是大禹在此舍舟登陆，这片土地因此获得了"禹杭"的名字，后传为"余杭"。

一只是把秦始皇带来的龙舟，他给了杭州明确的身份——钱唐县。

先是海水来了，裹挟着泥沙将跨湖桥遗址淹没。

海水退去，湖水又来了，将跨湖桥遗址再次淹没。

突如其来的巨变中，跨湖桥人去了哪里？

中国船的鼻祖，8000岁的独木舟，静静躺在湖底6.5米一座恒温恒湿的玻璃房子里。后人如呵护婴儿般对待这只古老的独木舟，沿玻璃房子就地盖了一座博物馆——博物馆被天才地设计成船形。

这注定是一只承担着历史使命的独木舟。

中华海洋文明的源头静静地躺在这里。

25岁的施昕更说,浙江在春秋以前,就有一种若明若昧的感觉,真是文献不足征也的遗憾。

他的遗憾在多年以后得到最丰厚的补偿,考古发现一再惊艳世人。

跨湖桥人是良渚人生活的预演。

谁是谁的摆渡人。

杭城隐秘的摆渡人

杨乃武特别到胡家府上道谢，在他被冤枉身陷囹圄的几年里，胡雪岩不仅赞助银钱支持他的家人上京告状，而且动用了他在官场隐秘的影响力，为这不世的冤情平反。

是的，你没看错，就是晚清四大奇案之一杨乃武与小白菜里的杨乃武。

这位出身江南小康人家，曾经有过功名的意气风发的读书人，面目委顿下去。衣着也还清洁，因为酷刑折磨，行动已不那么自如。胡雪岩心里有着巨大的同情，这个被人当作棋子摆布来摆布去的读书人，仅仅因为联盟士子仗义执言就遭到这样的报复。

不用多年，胡雪岩也会有棋子般的命运，被在黑暗里浸淫得面目全非的人玩弄，生意失败，革职抄家，在冷雨中去世，所葬之地成谜。

雨在下，一直在下。也不能再在人家的屋檐下停留了。他出来替店家讨债，不能在外边耽搁太久，一怕店家责怪，再则他想着店里事情多，必须赶回去。出来闯荡的农家少年，无依无靠，做店伙计，事事看人眼色。于是不管不顾冲进雨里。雨打湿了头发，打湿了脸，打湿了布衫，打湿了鞋。

突然，一把伞出现在头顶。他回头看时，是一位和他年龄相仿的少年人，是比他年长的青年人，是笃定从容的中年人，也许是一位沧桑的老年人，是一位老先生，是一位老妈妈，也许是一位长姐一样的美好女性。其实，年龄不重要，性别不重要，重要的是双方会心一笑。于是在雨中行进。有一把伞在头顶，江南的雨是多么美好啊。分手，道别。甚至没有说谢谢。就是双方再笑一笑。那是少年人生中没有任何功利色彩的温暖时刻。

雨伞，可以携带的屋顶，量身定做的天空。它最大的好处是自私。是否因为雨伞的发明者足够仁慈，才会将人类与其同类隔离开来呢？他是否知道人就是人的一场雨呢？

有人让渡了自己的天空。

少年人是胡雪岩。他因为受人雨中打伞的经历，养成了一个终生的习惯，就是看见雨中没带伞的人，一定上前去，为人家打伞。他一生所有的传奇里，都有为人打伞的底色。

他也愿意让渡自己的天空。

他是钱塘江送给杭州的传奇。钱塘江这条坏脾气的江，也有柔软的时光。

他在不经意中柔化了人心。

他给一家钱庄做学徒。多年以后，东家没有儿子，将家产留给了胡雪岩。是杭州的广大接收了一个丧父的在外闯荡的少年，少年身上也一定有些不同于常人的异质吧。水把他送来，水又义无反顾地接纳他。他乡已是故乡。他在这里发迹，他在这里生儿育女，他在这里死去，他在这里埋葬，他在这里无处不在又归于平寂。

钱塘江风高浪急涛壮，水性诡异，胡雪岩对钱塘江的惊涛骇浪印象深刻，也有说他年轻时在西兴渡江受过剥衣抵费之辱，立誓发达后必建义渡。

撑船摆渡把你从岸这边带到岸那边并且不收费，就是义渡。重点是，不花钱。有的人是真的没有钱来坐船。

唐时的施肩吾写过一首《钱塘渡口》：

> 天堑茫茫连沃焦，秦皇何事不安桥。
> 钱塘渡口无钱纳，已失西兴两信潮。

古来钱江南北往来靠渡船。南宋时设浙江监渡官，以船大小来定载人数及渡资。明清对渡资渡额均有限制。无论官渡私渡，无论人还是物，当然都要收钱。穷人无钱蒙混上船，一旦露馅，会被扔进茫茫江中。还有一种状况，舟人要么船小多拉客，要么乱收钱，要么不顾天气变化白天黑夜给钱就过江。翻船死人的事见怪不怪。

1860 年到 1863 年，太平军两入杭州。其间，杭城百姓或者渡江南逃，或者东走上洋，即逃往上海，或者躲到乡下，或者以船为家在水上漂泊。遇兵遇匪遇劫，尤其在过江时被舟人勒索，是杭人的至痛。民众的心理恐慌更是不可言说。

浙江第一码头（钱江义渡原址）

之后，受左宗棠委托，胡雪岩着手恢复杭城建设。在士绅丁丙帮助下，胡雪岩捐十万两白银在三廊庙建造"钱江义渡"码头，过往渡客，分文不取。渡船也有讲究，胡雪岩依据老船工经验，制造了可载百人左右的方头平底渡船。方头平底比渔船更稳。每船配备舵工水手三人，同时，还设了专门的救生船、专门的救生员。遇急流大潮，停船封江，两岸悬白旗为号。

很快，左宗棠西征，军需靠胡雪岩一手经办，义渡的日常要靠杭州的良心——丁丙先生打理。

胡雪岩破产后，义渡一时难以为继，挺身而出接手义渡的是旅沪七邑同乡会常务董事俞襄周。

俞襄周接手义渡和一起沉船事件有关：

一天，俞襄周因要事过钱江赴杭州，坐轿子赶搭义渡，结果一个轿夫的草鞋扣襻不停地脱落。紧赶慢赶到了三廊庙，一艘渡船刚刚离去。等下一趟船时，风云突变，俞先生未赶上的那趟船在江心沉没，船上无人生还。目睹这一惨状，俞先生遂有改善渡船之志。

俞襄周接手义渡后，以七邑同乡会名义，购得一艘德产铁壳小火轮"卿云号"，在杭州三廊庙与南岸之间对渡。试行数月又追加四艘渡船，船名：义中、义正、义和、义平。钱塘江两岸往来从此结束了借风使舵、帆送橹摇的人力时代。

钱江义渡沟通浙江上八府下三府，宁、绍、萧、台外出经商求学旅行至杭州上海的，钱塘江是必经之地，比如鲁迅家族周氏兄弟。萧绍一带的渔民和农家会搭义渡到杭州赶早市，带着自家的产品早来晚归讨一份生活。繁盛时民国年间每天轮渡上万人次。

直至1937年12月24日，日军入侵，杭州沦陷，钱江义渡消失。

由于眼界开阔，胡雪岩动过建钱江大桥的念头，并且有所动作，请英法德技术人员进行过实地考察。桥址定在今天的钱江一桥一带：钱塘江在六和塔以西为山脉所阻不得不转弯东流，在六和塔以东形成相对平静的江面，适合建造桥梁。——就是那个蛇曲。

后打样询价的英人盘爱文无下文，钱江大桥便搁置下来。当时建钱江大桥，一要技术，二要钱。大概需银钱五十万两。真正的原因可能是当时的技术处理不了巨量流沙。

胡雪岩是杭州城隐秘的摆渡人，一生都在为人打伞。

来看看他做过的好事：

捐银。捐米。捐棉衣。捐农具。捐种子。施粥。施药。给江南的寺庙捐日本购买的铜钟。修复灵隐寺。捐修苏州玄妙观弥罗宝阁。捐修伏虎庙。重修王坟。捐修上海静安寺。捐修杭州城隍庙门廊。捐助上海格致书院。捐修范公堤。重建登云桥。捐助新江桥。设多处义冢。设义渡。给家贫的读书人贴补肉钱。承担育婴堂奶妈的工钱。参与"杭州善举联合体"经营管理……左宗棠在家信中提到胡雪岩，说他虽出于商贾，却有豪侠之概。而丁丙《乐善录》为胡雪岩写的传记里也说，胡性慷慨好施。

谢和耐在《蒙元入侵前夜的中国日常生活》里提到一个富人的心理特征，在杭州城发了大财的人们，还有通过海上或内河贸易发家致富的商人，都很热衷于慈善业，行善布施对于他们来说乃是平衡其发财过多的一种手段，也是向神明缴纳的一份税金。

得天独厚者，须替天行善。

《梦粱录》中描述，在南宋的杭州，有钱人听说谁家遇上艰难的事，会事先打听清楚，到了晚上把碎金银插在穷人家的门缝里。

主人家第二天一早开门，银钱掉了出来，像是神仙送来的。

小河灯为远人送上祝福。

一点红

眼见得六月六来了,大太阳晒着,动不动一身汗。

六月六,皇上要晒龙袍,士人要晒书籍,出家人要晒经卷,而普通人家要晒红绿。

这一天,杭州美少女孙荪意惦记着给家里的猫洗澡。不是随意洗洗那种,而是要把家里的猫儿狗儿抱到江河里洗。

反正杭州又有江又有河又有湖。

一早,孙荪意就把给猫儿洗澡的浴巾备好,猫儿用的香皂备好,猫儿的木梳子备好。别人家的猫儿洗澡像是一场谋杀,而孙家的猫就是爱洗澡。

大哥云壑早就给妹妹预约了小船,就看妹妹想去哪里给猫儿洗,妹妹抱着猫儿,小丫鬟抱着猫的一应物什跟着。

杭州旧俗,六月六,猫儿狗儿同洗浴。

家里有猫狗的这天必须洗澡。据说这一天的阳光最热最烈，能杀死一切有毒事物。这一天给猫儿狗儿洗澡，能避虱子跳蚤。

这一天有孩子的人家也不闲着，大人也会为小孩儿专门洗浴，一来免病痛，二来希望孩子能像小猫小狗一样容易养。

已满周岁开始学步的孩子有一个仪式叫"割脚绷"，做父母的把一根绳子横放在门槛上，让孩子双脚踩在上面，然后持刀砍断，口中喊道：会走路啦。

一时之间，江河湖里又是动物又是小娃。人们想象中看不见的毒被水带走。

孙荪意家在仁和，杭州最地道最古老的那一片地方。生活的年代大概是清嘉庆年间。家里至少三代行医，父亲好像也有一些功名在身，并且家里三代养猫。养就养吧，美少女有些爱猫成痴，居然在十七岁的时候编了一本书——《衔蝉小录》，书里有关于猫的诗、谚语、传奇，可以当成是清代少女撸猫记。

都说杭州娇养女孩子。作为古代的闺阁女子，孙荪意爱猫养猫写猫书，还公开出版了，关键是哥哥还求得翰林院编修胡敬给书写了序。这得是多大的宠爱呀。就是现在的女孩子，想养只猫也要克服重重阻碍。

爱猫的人过得都不会差。孙小姐的人生也算不错，二十四岁嫁给萧山人高第，夫妻恩爱，婚后的生活也是有猫有子。三十七岁去世。除了《衔蝉小录》，还著有《贻砚斋诗稿》《衍波词》。

一点红是一种植物，是一个侠的名号，是鱼的一种病，是一首古筝曲，是女子眉间的一种妆，是一种智慧之眼，是一个人心头的痛。家住遥遥一点红，是故乡，将落未落的太阳。

在南宋的杭州，一点红是一种河灯。

孙小姐盼着一个节日，又一个节日。日子过得繁花似锦。水多的地方节日也多。中秋节到了。

孙小姐自然知道周密《武林旧事》里密密地记了杭州的好时光。八月十五，浙江放一点红羊皮小水灯。

"数十万盏，浮满水面，烂如繁星，有足观者或谓此乃江神所喜，非徒事观美也。"

天上是一轮圆月，而水中的羊皮小水灯闪啊闪。

一盏小水灯就是一个心愿，而心愿自远古以来就是心愿。

那些随水而逝的人就此别过。

那些端坐的水神保佑那些水上出没的人。

那些来来往往的水族也要平安。

那些临水照花人觅得良人。

一点红是羊皮做成的小河灯，里面装上小蜡烛。八月十五的夜里，推送到钱塘江。那些小河灯发着红光，渐渐走远，像是远行的人。说是江神看见了会心生欢喜，从此收敛一些坏脾气，给水上来往的人以护佑。

也有的不拘时日，就是有一个心愿由来已久，想要在现世里变成现实。也有的是想断了什么念想，放河灯就是一个最好的仪式。

从北到南，从东到西，中国大地上到处是江河。

江河里要放河灯。

沿水而居的人，出江入海下湖为免风暴，在过危礁险滩或风大浪高时，木竹编制船形物，放祭品点蜡烛，制灯笼放水中任其漂流，向神祈保平安。

古老的汉人，对着水，总会生发一些什么。曲水流觞，灯酒祝波，招魂续魄，载船玩月。后来终于演变成道家的中元节，佛家的盂兰盆会，为另一个世界的人照冥，让一些人获得救赎。

北方称放河灯，南方称放水灯，南京称斋孤，杭州叫一点红。

孙小姐在七夕也会放一盏河灯，她操心牛郎织女相会时看不见暗夜里的鹊桥。

江河湖海上的船只看见漂来的河灯会主动避让，以求吉祥。

她的猫仙哥生病了。她为她的猫放了一只河灯。河灯把猫的病带到不可知的地方。仙哥病好了，又是那只又捕鼠又卖萌的小猫。

孙小姐和哥哥说起唐太宗李世民做的一个梦，梦里出现一个能帮他征战的人。

戏文里唱：

家住遥遥一点红，飘飘四下影无踪。
三岁孩童千两价，保主跨海镇西东。

徐茂功解梦：太阳西沉落下的地方就是他的家，飘飘落下的雪四下没有踪影，三岁的小孩价值千两的价格，保护主人东征西战。应梦贤臣是薛仁贵。

夕阳西下，山西是家。

这里的一点红，意指薛仁贵的老家。

那些遥远的征战，那些女人的等待，都随水而逝，又恍若昨天。

作为父亲五十岁才得来的珍爱的女孩子，孙小姐几乎复刻了李清照少女时代的生活，她们都是受到家族鼓励做自己的女孩子。

正月十五，西溪一条船上，一位拳师在船头八仙桌大的地方，打了一套拳。方寸之地，腾挪闪转。船在水中摇摇晃晃，而拳师稳稳地扎在一个小空间里。拳如风如影，小空间制造了一种节制，而节制里呈现的自由达到一种忘我的程度。

孙小姐不由给拳师叫了好。没见过这么眉目清楚、声音清晰而且大胆的女孩子。

第一章　钱塘江

西溪

西溪且留下。

那个逃来逃去最终定都杭州的皇帝对西溪一直念念不忘，西溪差点成了南宋皇城的所在地。

多年后，有一种西溪船拳在民间流传。是不是和那个虽然逃亡，审美却相当不错的皇帝有关？毕竟逃是他的耻辱。他也在逃里一点一点试图重新架构祖先的王朝。既然已经来到江南，北归已经是梦。在江南，水是阻挡金人必须的事物。他的矛盾在于，既想要军队和乡民强大，帮他巩固王朝，又害怕军队和乡民过于强大，给政权带来不稳定因素。赵家王朝始终徘徊在这样的纠结里。

船拳也是水产生的事物。往早里追溯，吴越争霸多年，水兵习水战，不得掌握起码的拳脚？后来大运河通航，大型运输途中难免遇上匪盗，总不能坐以待毙，习得拳脚总有大概率的生还，也是渔民船上往来的本事。

船拳流行于江南地区，似南拳而非南拳，多在渔民中流传。

倭寇在东南沿海侵扰不止，船拳也是一种抵抗。

太平盛世里，船拳其实怎么说呢，变成了玩意儿，庙会上演，各种节日里演，大户人家唱堂会也请上一出。当然，强身健体也是一种功能。

去西溪看船拳，雇一只小船摇橹前往。

小空间发展出的船拳的内敛和节制内化成江南习武之人的武德。招式当中融入礼仪动作。也许是开始，也许是中间，也许是结束，"请"这样的招式一再出现。甚至，"请"作为一种套路独立成拳。

讲究礼仪并不是说船拳不具有攻击力。正因为手势小，还要应对水上变化，所以更要稳准狠，不能恋战，船拳往往一招制胜。

赢的一方则可以选取输家的兵器，输的一方只有再请能人表演其他绝技，战胜对方，拿回输掉的兵器。

受江河湖源影响，浙江发展出诸多船拳流派，比如杭州的湿地船拳。

杭州船拳的分布主要集中在具有湿地和运河的地区，船拳分布区域也大多遵循水域分布特点。

孙小姐看船拳归来，和哥哥讨论了一下船拳这种事物。

比如，船拳里有诸多古代信息，水军演兵，船民习俗，地理环境，南北融合，等等。甚至可以从中一窥江南人的性格。

孙小姐怀里抱着猫。而哥哥怜爱地看着这个妹妹，她不那么溺爱猫的时候，兄妹间的对谈竟超过他与外面的诸多文人学士的谈话。

妹妹性好山水，每每出游，疏帘画舫，荡漾于湖光岛翠间，人望之若仙。

妹妹嫁到萧山后，一江之隔，见面越来越少了呢。

月亮有些清冷。

翠翠红红，处处莺莺燕燕；风风雨雨，年年暮暮朝朝。

对联是湖山神庙的对联，湖山神庙是一处花神庙。这座花神庙是总督李卫建的。搞笑的是，他把自己当成花神，塑了像立在其他花神中。乾隆下江南，发现李卫居然把自己当成了花神，大怒，命把花神换成湖神。也许，乾隆觉得自己才是花神。

杭城无月不花，无花不盛。二月十五花朝，对应八月十五月夕，所谓良辰美景，花朝月夕。

花朝节第一要紧的事是到花神庙拜花神。

西溪的三桥柳陌、两岸花街，万万不可错过。

官巷口卖花者以马头竹篮盛之，歌叫于市，买者纠集。

杭城花木种植中心之西马塍区域号称十里花城，园丁竞以名花荷担叫卖，音中律吕。呀，一定要去听听。

美少女孙荍意掰着手指头数花朝节要做的事。

要给树赏红，要给花祝寿，要和草游戏，要和蝶扑玩，要给春写诗，要给风填词，要给庄稼占卜，要放花神灯，要给女伴扎耳朵眼，要饮百花酒，要吃百花糕，要喝百花粥。对啦，还要劝农民伯伯好好干活，多打粮食。不过，这是官家的事，她觉得这一天农民伯伯要好好休息。

花朝月夜动春心，谁忍相思不相见？一定要约会心爱的人。

她还在心底为林黛玉庆了生，林姐姐偷读《西厢记》，孙妹妹偷看《红楼梦》。林姐姐养鸟，孙妹妹养猫。曹雪芹把林黛玉的生日定在花朝节一定别有深意，她一度迷恋她的花仙子气质，而且花是多么具有奇思妙想的事物。

拜了湖山庙的花神，再去拜花皇殿的花神。花皇殿曾经是秦桧的园林，在杭城北郊的花园岗，到了孙荍意的时代，花皇殿周围已经是一个花木集散地。花皇殿祭祀的是颛顼，两旁列十二花神。殿前设戏台，殿侧设花会议事厅。

花神有女有男。比较知名的花神是女夷，神话中主宰春夏万物生长的女神。女花神要美，四大美女都在列。男花神要有才，比如崔护是桃花神，李白是牡丹花神，苏东坡特别一些，是五月的芍药花神和十二月的蜡梅花神。

她给娘亲发髻上簪了杏花,她给爹爹的辫子上绑了兰花。她鼓动亲爱的哥哥们去约会好看的会写诗的姑娘,她在她的猫脖子上挂了小花篮。

不被赏红的树会被气死,她又细细看了自家院子里的树,娘亲裁衣服剩下的小布片都被她赏了出去。树们都在春天里笑呢。

年年花事。一抬头又看见了大月亮,相当于看见了自己。

娘亲说怀她的时候梦见月亮坠入怀里。

江山广而美,水那么多。水里生出各种事物,包括河灯。

女人们放水灯看谁放得多、谁做得好。

孙小姐的河灯自然是又好看,走得又远。

在钱塘江的那一边,她的高姓良人看见了她的河灯。

钱江大潮依旧汹涌,那些冒险的血性被苟活替代,再也没有人敢和水在极致里达到精神的高潮。

参考文献

1. 〔宋〕周密：《武林旧事》，中华书局，2007年。
2. 邓博：《杭州的山和水》，新知识出版社，1957年。
3. 马时雍主编：《杭州的水》，杭州出版社，2003年。
4. 〔美〕乔纳森·怀特：《潮汐：宇宙星辰掀起的波澜与奇观》，北京联合出版公司，2018年。
5. 姜青青主编：《弄潮儿向涛头立：三江两岸潮文化》，杭州出版社，2013年。
6. [日]成寻著，白化文、李鼎霞点校：《参天台五台山记》，花山文艺出版社，2008年。
7. 王丽萍：《成寻〈参天台五台山记〉研究》，上海人民出版社，2017年。
8. 〔宋〕吴自牧：《梦粱录》，浙江人民出版社，1984年。
9. 〔明〕宋濂等：《元史·伯颜传》，中华书局，1976年。
10. 徐瑜：《唐代潮汐学家窦叔蒙及其〈海涛志〉》，《历史研究》1978年第6期。
11. 〔元〕脱脱等：《宋史》，中华书局，1985年。
12. 张小也：《制度与观念：九姓渔户的"改贱为良"问题》，《社会科学》2006年第4期。
13. 赵科峰：《浙江特殊民俗群体研究：以"九姓渔民"和"小姓"为例》，硕士学位论文，温州大学民俗学专业，2009年。
14. 朱海滨：《九姓渔民来源探析》，《中国历史地理论丛》2006年第2期。
15. 〔后晋〕刘昫等：《旧唐书·贺知章传》，中华书局，1975年。

16.〔宋〕欧阳修等：《新唐书·贺知章传》，中华书局，1975年。

17.朱栋良：《钱塘江水利枢纽对鲥鱼繁殖生态及资源的影响及其渔业对策》，《水产学报》1992年第3期。

18.何志标：《跨湖桥独木舟对探索中国舟船文化发端的重要意义》，《武汉船舶职业技术学院学报》2012年第6期。

19.汤惠生：《从实证到验证：〈跨湖桥文化研究〉读后》，《考古》2016年第9期。

20.林惠祥：《中国东南区新石器文化特征之一：有段石锛》，《考古学报》1958年第3期。

21.杜高飞：《胡雪岩慈善事业研究》，硕士学位论文，湖南师范大学中国史专业，2015年。

22.吴晶、周膺：《晚清慈善组织在城市社会治理中的先导作用：丁丙〈乐善录〉与杭州善举联合体研究》，《浙江学刊》2018年第2期。

23.杭州市政协文史委编：《杭州文史丛编》，杭州出版社，2002年。

24.〔法〕谢和耐著，刘东译：《蒙元入侵前夜的中国日常生活》，北京大学出版社，2008年。

25.〔清〕孙荪意辑，陆蓓容注评：《衔蝉小录：清代少女撸猫手记》，中信出版社，2019年。

26.张树勇、傅芳芳：《民俗学视野下的杭州船拳研究》，《体育世界（学术版）》2010年第9期。

27.马智慧：《花朝节历史变迁与民俗研究：以江浙地区为中心的考察》，《浙江学刊》2015年第3期。

28.李菁博、许兴、程炜：《花神文化和花朝节传统的兴衰与保护》，《北京林业大学学报（社会科学版）》2012年第3期。

29.汪长林主编：《钱江源国家公园》，西泠印社出版社，2018年。

第二章

大运河

合掌的拱宸桥

丁丙让桥身拱起来，高高地拱起来，拱成合掌状。沿着桥身往上走，一步一步走上合掌的高地，一步一步走上高地中指。人在手掌上游走，我们攀爬我们的手指，是想象，也是冒险。如果愿意放低自己，那些手指就是高山。在指尖稍事休息，我们投奔彼岸。

这才合乎一座天城的内心。

拱宸桥长二十一丈四尺，广一丈三尺，桥下三洞，中洞广四丈六尺，左右洞广二丈六尺。（〔清〕王麟书《重建拱宸桥记》）桥洞半圆形，水中的倒影也是半圆形，半圆和半圆互动玩耍，虚虚实实之间，天心月圆，水中月圆，一个美满的团圆的月亮出现在眼前。

四十八根望柱，柱头饰仰莲。

一座合掌的桥，一座莲花护体的桥。

心有美好的人才会把拱宸桥修成拱宸桥。

远远地看见一座桥——合掌的拱宸桥，杭州就到啦。

南来北往的船只远远看见拱宸桥就收帆放缆，船工一切交流以眉目动作，人皆止语。风俗源于何时不知道，什么原因不知道。大概是因为尊敬吧，只有看见让我们尊敬的事物，人类才有可能闭上嘴巴。

所以，拱宸桥也叫哑巴桥。

大运河从北京一路流到杭州，从一支燃灯佛的塔影流到一座合掌的三拱石桥。

拱宸桥是京杭大运河的最南端，你也可以理解为它是京杭大运河的南起点。

拱宸桥的名字来历宏大：为政以德，譬如北辰，居其所，而众星拱之。古人认为北极星是宇宙的中心，施行德政的人像北极星，安处自己的位置，别的星辰都环绕着它。也有说宸指帝王宫殿，拱宸桥象征对帝王的欢迎和敬意。不过，始建于明朝的拱宸桥恭迎的却是清代动辄下江南的康熙和乾隆皇帝。

拱宸，拱宸，也许就是单纯的北方的意思，拱宸，犹拱北：拱宸桥是杭州的北大门。

水多的地方桥自然多。

马可·波罗更说杭州有12000座桥。

建一座桥是虔诚而且小心翼翼的事情。先要找钱。官家不一定管，多是民间义举。于是有人牵头，大家有钱出钱，有力出力。拱宸桥同样如此。

拱宸桥是谁建的，有两种说法。一说是商人夏木江出了三千两银子募建，一说是举人祝华封主建。还有一种可能：要是二人联手呢？商人出钱，举人摇旗呐喊再给取个名字。讲真，就桥名和举人的名字看，举人有可能参与过呢，看得出他如此热爱皇帝。不管是商人还是举人，都是当时有一定身份地位的人。修桥补路在传统社会是义事，是善举。还得说话有人听，一呼有人应。

初建时间倒是口径一致，明崇祯四年（1631）。

拱宸桥的建立还和另一座桥有关——北新桥。明朝廷在北新桥设钞关，称北新关，上为桥，下为水门。北新关是明代京杭大运河上七大关口之一，桥上收陆路来的买卖人的税，桥下收水运商船的税，政府每年有十万两白花花的银子进账。春天漕船北上，秋天漕船返回，多在此停靠，加上民船往来，商船报关，桥上桥下好不热闹。

米行鱼行纸行酒行柴行洋行，烟馆茶馆戏馆赌馆妓馆，都沿河而开。

并且，西湖、苕溪二水在此交汇，风起冲击，势至险。为了舒缓北新桥压力，也为了安慰船渡之苦，在北新桥更北造一座桥便理所当然。

不好意思，桥修成 20 年后桥身就塌了，它塌在另一个朝代，清顺治八年（1651）。

又过了 63 年即康熙五十三年（1714），又有人出头修拱宸桥，这次修桥的人来头大些，是浙江布政使段志熙，还有出家人大力募款相助，就是云林寺的慧辂和尚。

修桥用了 3 年。投入使用 3 年后，桥开始出现裂缝，慢慢地就又塌了。

雍正四年（1726），右副都御史李卫发起倡议并把俸禄捐出来修桥。一大理由是拱宸桥事关浙江风水：省会风水，向东南而趋西北，直泻不留，宜建桥锁镇之。

又过了134年，太平军攻占杭州，并且在拱宸桥上设置了堡垒，其时是咸丰十年（1860）。

3年后，左宗棠率湘军及常捷军攻杭城，经战火洗劫，桥再次濒于倒塌。其时是清同治二年（1863）秋。

光绪年间，桥身完全坍毁。

22年后，即光绪十一年（1885），拱宸桥在杭人丁丙的主持下重修，即今拱宸桥样貌。

拱宸彼岸

拱宸桥是一座薄墩薄孔桥，就是说它的承载力是基于江南水乡特有的地质地况，负重考虑只是人和其载重物。桥身呈驼峰形，中间高高耸起为合掌状，是为了最大限度地让载重船只从桥下通过。

1895 年《马关条约》签订之后，杭州开埠，拱宸桥地区沦为日本租界，日本人在拱宸桥桥面中间铺筑了 2.7 米宽的混凝土斜面，以通汽车和人力车。在一座薄墩薄孔的江南桥面上跑汽车，可真不是自家的东西，不爱惜。

拱宸桥的传奇还在于，杭州的第一盏电灯是在拱宸桥亮起的，杭州的第一部电影是在拱宸桥放映的，杭州的第一份日报是在拱宸桥创立的，杭州的第一家近代工厂是在拱宸桥边建立的，盖叫天是在拱宸桥唱红的，后来成为先生的鲁迅是从拱宸桥出走的，罗教青帮发源于此，弘一法师在这里转场，吴殿扬在这里同日本人打过擂台。

李白同学曾写过一首《僧伽歌》，里面描述僧伽大师："意清净，貌棱棱。亦不减，亦不增。"他甚至想象僧伽大师为他解说声闻乘、缘觉乘与菩萨乘。事实上，李白入长安为翰林时，僧伽大师已于三十多年前圆寂。

浙江出过一位武林高手，颧高目深，下巴翘起，相貌神似僧伽大师，僧伽大师在民间又被尊为泗州大圣，武林高手因与泗州大圣形象一致，加上后来多年行医，为贫寒人家义诊送药，被当地百姓称为泗州堂菩萨。

这位武林高手名叫吴殿扬。

1905 年，拱宸桥发生过一件大事。日本武士高木兆雄和上月三郎在拱宸桥附近的广场摆下擂台，两天过去，数十名中国拳师上台，都败下阵来。在浙江武备学堂读书的吴殿扬和同学前去观战。

高木打败一个武师后便狂喊："东亚病夫，名副其实！"

台下的吴殿扬少年义气，一怒之下跃上擂台。拳来脚往之下，把高木踢到擂台边。台下的上月三郎跃上台扑将过来，几个回合，吴殿扬又将上月三郎拿下。就在他以为吴殿扬赶尽杀绝之际，吴殿扬却把他扶了起来，并且说："记住，中华男儿可不是好惹的。"

吴殿扬打败日本武士的事传遍杭城，更传至上海。被打败的日本武士灰溜溜地逃离了杭州。

吴殿扬是嵊州棠头溪村人，儒医世家出身，从小喜欢武术，口袋里常装满小石子，学《水浒传》里的没羽箭张清扔石子练眼力。后来拜四明山的武当派云仙道人习武，1905年吴殿扬考中武举人，入浙江武备学堂是免费保送。除了在擂台上打败日本人，辛亥革命中还参加了光复杭州的行动。

1927年到1937年，吴殿扬曾受当时浙江省政府主席张静江之邀做过十年国术馆射箭教习。后多年在杭州及老家行医，历经了常人难以想象的坎坷，于九十五岁逝世。

吴殿扬在浙江武备学堂时有一个在后来很著名的同学——张啸林。当时张啸林还叫张小林。小林十岁以前生活在慈溪一个小村庄，父亲张全海是一名箍桶匠，靠箍桶手艺养活一家人。这样的日子越来越过不下去。在小林十一岁那年，也就是1887年，小林一家举家迁往杭州，在拱宸桥附近落了脚，继续开张记箍桶铺。生意应该是有好转，张家大儿子大林在一家丝绸织造的机房当学徒，小儿子小林被送往一家私塾读书。

不知道底层的乡下少年经历了什么，在一般人家都上不起的私塾，小林靠拳头打出一片天地，打架斗殴收保护费，甚至私塾先生的孙子也被其打趴下。父亲发现小儿子的行为后，只能是将其暴打一顿，气得吐一口老血，然后把顽劣少年接回家。

后来少年又被送去学书法，可想这个孩子在家里是被宠溺的。据说灵隐寺有张小林别名张寅的题额。那可是康熙帝写过题额的云林禅寺啊。

小林十四岁时父亲去世。家里靠母亲和哥哥支撑。小林也学过一段时间织纺绸，但游荡少年到底喜欢与江湖混混为伍，志不在做工。

一眨眼，张小林已是青年人，一事无成的他找测字先生，测字先生说把"小"唤成"啸"，加上张本人属虎，又取了个张寅的别名。小林后来又报考浙江武备学堂，不过，他也志不在读书，结交朋友是第一要务。碰巧，同学里就有后来当了浙江省长的张载阳。

张啸林在武备学堂也并没有毕业，他又拜在杭州府衙门李休堂门下跑腿。黑白两道，眉眼高低，人情世故，在此成形。据说为了弥补出身低微的缺憾，他还娶了李休堂的亲戚做原配。

张啸林的第一桶金是靠诈骗蚕农的钱得来的。春茧上市的时候，他看到蚕农驶着小船到拱宸桥来卖蚕茧，一个个腰包里都装了不少钱。小林于是在船上设赌局，诱蚕农聚赌。

张啸林后来在拱宸桥边开了家茶馆。也可以说，张啸林也志不在开茶馆，仍为结交朋友。应该说他还是有商业头脑的，茶馆定位中等，过高雅一般人消费不起，过低档来客多为贩夫走卒也赚不到什么钱，尤其重要的一点——不收小费。

张啸林在拱宸桥一带混得风生水起。常在河边走，哪能不湿鞋。终因得罪了人结下了仇家，远走上海滩，从在赌场给人看场子做起。一步步混成和黄金荣、杜月笙齐名的把持上海滩的青帮三大头目之一。可惜，他的结局是做了汉奸，被戴笠反复派人暗杀，最终死在自己贴身保镖——一个叫林怀部的神枪手枪下。

乾隆三十一年（1766），一位被尊为潘祖的粮船帮头领在黄河凤林闸下过方（过方即仙逝，是粮船帮成员的行话）。

导致潘祖过方的原因一说是船帮遇险，潘祖急火攻心，口吐鲜血，险情稳定后，潘祖也撒手西去。潘祖的开山门弟子王降和关山门弟子萧玉德扶灵柩回杭州。

一本清末的线装手抄本上有关于潘祖的介绍：姓潘名清，杭州哑巴桥人。潘清、翁岩、钱坚同为罗教中人，雍正年间三人义结金兰，在拱宸桥起家，创立漕船帮，也称粮船帮、漕帮、清帮，并修建罗教庵堂。后发展成青帮。

三祖制定了严格的门规，翁岩以八仙之数收八人为大弟子，钱坚按二十八星宿之数收二十八人为大弟子，潘清按三十六天罡之数收三十六人为弟子。后三人又以七十二地煞为数收七十二名弟子。这些弟子每人分管一舵，各自再收弟子，弟子再收弟子，以金字塔形式发展，到清末，粮船帮弟子已是一个庞大的数字。

翁岩、钱坚、潘清被尊为青帮后三祖。

既有后三祖，当然得有前三祖。青帮附会第一代祖师是明永乐年间文渊阁大学士金幼孜，第二代则是罗教祖师罗清，第三代祖师爷名陆逵，做过总兵，后拜在罗清门下，翁岩、钱坚、潘清都是他的徒弟。这样，金、罗、陆三人就成了青帮所谓的前三祖。

翁祖和钱祖仙逝后，粮船帮靠潘祖打理，主要帮朝廷于水路运粮，从杭州至通州，建设了七十二个半码头，设立一百二十八帮半。所谓半码头指专做南北杂货小买卖用的码头，半帮指承传祖训修行修身、传教传道的香火船。

从拱宸桥出发，到北京通州，运一趟漕粮，冬出冬归，过江过河过湖，往返四千里。茫茫江河，生死未卜。逆行，搁浅，穿闸，过坝，格斗，仇杀，风暴，沉船。辛苦不说，加上大小官吏盘剥，帮船之间争斗，个人的无力和渺小可想而知。

漕运是一项季节性工作，每年将粮食从南方运到北京称"重运"，返回南方称"回空"。"回空"的半年时间里，除了打零工，大部分水手无工可做。

拱宸桥是京杭大运河的南端，又是粮船启航处，大量水手、船工、纤夫在此聚集，罗教庵堂成为回空水手或老弱水手、纤夫们的停留之处。

说漕帮就要说到罗教。

明代中叶罗教兴起，创始人罗清，后世门徒称之为罗祖，又称"无为老祖"，曾是一名运粮军人，深知运粮之苦，他创立的罗教供奉佛像，吃素念经，宣扬遇难有无生老母相救，最后会回到真空家乡。于是京杭大运河沿岸的漕运水手纷纷加入。除了精神上的寄托，生活中也有切实的好处。比如漕运回空，水手有半年时间无事可做，衣食无着。那他们就可以暂时住在沿运河的罗庵中。也有老弱水手，可以在庵堂谋一份简单的差事，甚至去世后可以葬在庵堂的义冢。罗教徒能满足他们生有立足之所、死有葬身之地的卑微愿望。

皈依的水手越来越多。到了雍正年间，杭州北新关外的罗教庵堂，已从最初的翁、钱、潘三庵，一度增建到七十余庵。

事情最终引起朝廷的警觉，清廷于是两次查禁罗教。第一次借李卫查禁，毁经像，除庵名，改为公所。如果说第一次还有公所保留，水手们还有个寄居处的话，第二次则是彻底毁灭，对罗庵的处理是——拆，拆后的物料充公。对罗教人员，打的打，散的散，为奴的为奴，流放的流放，遣返的遣返。

朝廷更有诛心的话：漕运水手有无栖止之所，原不必官为筹划。就是说你有没有住的地方，和官府什么相干。况且，有漕之处，不止浙江一省，江南、湖广、河南、山东均有粮船，均需水手，怎么没听说他们需要公所？

好，陆上不能生存，他们便来到茫茫江河，在水上建立了自己的根据地——每个船帮，专有一只船用来供奉罗祖图像，称为老堂船，作为罗教水手的议事中心。

各帮又公派一人专管香火并帮水手管理财务，称为老管或老官，后演变成各个船帮的最高首领。

老管权力很大：控制经济大权，制定帮规，发号施令，钳制帮众，轻罚以棍棒，重沉毙水中。罗教最终朝着帮派演化，完全就是一个独立的流动的水上秘密王国。

加入漕帮要拜一人为师，排列辈分，彼此照应。辈分排列早已拟定：清静道德，文诚佛法，能仁智慧，本来自性，元明兴礼，大通悟觉。

比如袁克文是大字辈，张啸林是通字辈，杜月笙是悟字辈。这是后话。

明清时期，漕运越来越依赖民间的漕帮。北方的无数张嘴，要靠南方来的粮食养活。皇室成员的奢华生活，要靠南方来的赋税支撑。官员的俸禄，要靠南方来的田赋发放。军事系统，要靠南方来的漕粮维持。

所以，中国古代的皇家需求、官员俸禄，南方各省以田赋形式征收的粮米运到京城，经陆路运达的称为"转"，经水路运送的称为"漕"。

漕运几乎就是政府的命脉。

明代每年的漕粮总数在400万石左右，最初由民间以劳役形式无偿运送，百姓不堪其苦，后改由运粮军人承担。清承明制，最初也是军人担任。清代漕粮基本在400万石左右，需动用运船12000艘，水手10万户，20万人以上。后改民运，还是由军人管理。

明清政府设置专门的漕运总督府，总督为正二品，统辖与漕运有关的行政官员与卫军，由皇帝钦点。漕粮押运由军事系统负责。漕运卫军又叫旗丁、运丁，旗丁再雇用水手、舵工。一船一名旗丁领运，水手、舵工若干，每四五十只船组成一个船帮。旗丁相当于国家公务员，水手、舵工则是体制外的临时工。

再来看收入，清代江南五口之家一年生活支出约需三十两白银。水手一年收入不过一二两银子，头工大概六七两。养家糊口远远不够。

漕帮倒过来挟制旗丁，比如索要工钱，老管发一纸"溜子"，漕船停开，类似于罢工。旗丁不敢不从。漕帮壮大后，人多船多，势力广声势大，一旦漕帮不动，可导致天下大乱。所以，各地官府甚至朝廷，都不敢轻看漕帮。

有漕运才有漕帮。晚清道光年间，一方面运河淤阻，一方面江淮烽火，英军不满清廷禁烟，把战火从东南沿海一路烧到了江南，上海、镇江失守，京杭大运河被拦腰截断。清廷被迫签下《南京条约》。一纸和约、百万赔款，阻挡不了历史的车轮。

紧接着，太平军占领南京，漕运停止转运。

再后来，洋务运动，清廷有了现代轮船，北方运粮皆走海路。

光绪二十七年（1901），清政府宣布漕运停止，昔日千船万旗大江飘的景象最终被人淡忘。

漕帮成员弃水登陆，向上海和运河沿线城市发展。无一技之长的他们发展成地方恶势力。成员也日趋复杂，文人墨客、革命党人、地方军阀、盐枭毒霸迅速合流。

漕帮成员上岸后在清末发展成青帮，在上海滩成了气候。

少年十五岁时随祖父的姨太太在杭州住过一段时间，邻居杨家十三岁的养女常来找少年玩。往往是少年在练毛笔字，少女抱着猫和仆人在桌子旁看。每每此时，少年写字就更卖力一些。女孩子并无特别处，尖脸乌目身材瘦小，脚也小小的。祖父的姨太太十分不喜欢这个被唤作三姑娘的女孩子。有一次还恶狠狠地说："阿三那小东西，不是什么好东西，将来总要流落到拱宸桥去做婊子的。"少年不明白婊子是什么意思，想着她如果真是流落做了婊子，他必定去救她出来。少年离开杭州回老家一个月后，听当初的仆人说起三姑娘，少女得了一场霍乱死了。少年听得不快，转而觉得一块石头落了地。

少年是周作人。

两年后，身在绍兴老家的周作人接到鲁迅从南京寄来的信。十七岁的周作人从绍兴赴南京江南水师学堂读书。此后经年，无论是从绍兴到南京还是从南京回绍兴，都要经过拱宸桥。

周作人到拱宸桥并未上岸，从驳船直接跳到大东轮船公司的小火轮拖船上。次日，即农历八月初二早晨，他便到了上海，待了三天才前往南京。这是周作人第一次出省求学，目的地为江南水师学堂。

三年前，鲁迅第一次出省求学，同样也是从拱宸桥出发。当时从杭州到南京，除了水路，无更便捷的交通方式。沪杭铁路要到 1909 年才通车。

1913 年农历六月，鲁迅从北京回绍兴，坐的是火车。返程北京，到上海这一段，则改为水路："六月廿八晨，抵西兴，作小简令舟人持归与二弟。即由俞五房雇轿渡江至南星驿。午后车发，即至拱宸，登大东公司船向上海。"

大东轮船公司，本店在东京，分店在上海。苏、杭设支店……日日以数艘船舶运到拱宸桥支店，转载乘客货物于他船。当时，途经杭州取道运河北上，皆需在拱宸桥搭乘内河轮船。——这里是北上的起点，也是南来杭州的终点。

有一次小火轮到达杭州，已近傍晚，进城来不及，船上又不容留宿，周作人就在拱宸桥附近找了一家客栈。刚一入住，即有茶房请去"白相"，茶房劝不动，小姐、大姐联袂出动，亲自上门来兜生意。一番苦口婆心，好不容易劝走了，晚上又不得入睡，因为隔壁的人通宵达旦，喁喁闲话。

不知那个时候，周作人是否想起了曾经的杨三姑娘。

1918 年，李叔同在杭州虎跑定慧寺出家，法号弘一。出家前，李叔同把收藏的金石字印赠予西泠印社，这些金石字印被印社成员凿龛封存在鸿雪径崖壁上。

西泠印社对于中国人文化气质的影响不言而喻。西泠印社的主要创始人之一丁辅之，系晚清著名藏书家八千卷楼主人丁丙的哥哥丁申的孙子。特别提到丁丙，是因为，我们现在看到的拱宸桥，是他在清末出面主持大修的。

并非人人都有资格主持这项工程。

事情要从丁氏家族说起。

悠幽运河梦

先看看丁家的产业：银号，地产，米行，锡箔，布匹，绸缎，典当，缫丝，纺织，出版。

再看看丁家的根基：丁丙祖上是绍兴望族，后迁徙来杭州。他的祖父丁国典创建八千卷楼，他的父亲丁英是个成功的商人，酷爱读书和藏书，并且乐善好施。1832年，丁丙出生于杭城麒麟街旧居，四岁识字，有过目不忘之能。八千卷楼在丁申、丁丙兄弟手上进一步壮大。兄弟俩不仅是中国近代史上的大收藏家，而且是出版业巨子。

丁氏家族有做慈善的传统，往往一呼百应，连胡雪岩都能来打配合。

丁丙及其家族在杭州绝对值得大书特书，这个家族不只和拱宸桥有如此密切的关系，从某种程度上来说，这个家族影响了杭州的气质。

本来是政府应该做的事，如你所知，晚清社会失控，政府疲于应对战事，事情便落到有担当、有见识、有实力、有悲心的士绅身上。

说回拱宸桥。拱宸桥1895年的大修和战争有关。太平军两次出入杭州，并曾在拱宸桥上驻军。后来左宗棠的湘军、法国人的常捷军和李秀成的太平军在拱宸桥上有过混战，拱宸桥几近坍塌，战争对一座桥的毁伤不言而喻。

战争过后，杭州人口从81万减到7万余。文物古迹大多被毁，基础设施多被破坏，江南不复江南。

丁丙受左宗棠所托，联合杭州士绅整合各方资源，创立了杭州善举联合体，承担了本应由政府承担的事情，重建了杭州城。——丁丙相当于不挂名的市长。

杭州善举联合体具有中国古代佛教组织形态、家族事业形态、民间组织形态，并吸收了西方现代慈善组织的先进理念，是当时中国最大的慈善组织。

而丁丙执掌杭州善举联合体前前后后三十年，身份是总董，以普济堂、同善堂、育婴堂为主体，总称三善堂。多时成员达千人，下设27个机构，救济范围涵盖了杭州百姓生活的各个方面——老独病亡、孤寡妇孺、贫莩困丐。

有养老的怡安堂，有救助弃婴的育婴堂，有救助寡妇的清节堂，有助学的义塾，有施药的施医局，有收容受火之家灾民的恤灾所，有舍棺木的施材局，有掩埋死人的掩埋局，有种牛痘的牛痘局，有给流浪人员栖息的栖流所，有挽救失足青年的洗心所，有专门培训罪犯日后自谋新生的迁善所，有施粥的粥厂，有接济乞丐的丐厂，有提供无息贷的借钱局，有打捞浮尸并且救人的钱江救生局，有负责城市治安联防巡逻和启闭栅门的保甲局，有管理各种仓库的，有疏浚西湖开浚河道的浚湖局，杭州城多火灾，所以特设消防组织救火义集，还有专事收集写过字的纸张郑重焚化以示对字圣仓颉尊重的惜字局，召集书生四时祭祀知天下礼仪的丁祭局。

丁丙还主持修复钱王祠、白公祠、苏公祠、岳飞祠、于谦祠、张履祥墓、郭孝童墓、孙惟信墓等。

有人发现，元大德年间铸造的编钟，已由丁丙建元音亭存放。得到北宋咸平年间的贝叶经后，丁丙将其送至灵隐寺保存。他的善举并不限于江浙。豫晋大旱，他筹款捐钱捐物。黄河决口，他又筹款捐钱捐物。

1895年，六十四岁的丁丙与三十二岁的庞元济联手，筹银三十万两，在拱宸桥西如意里建起浙江第一家机械缫丝厂——世经缫丝厂。"世经"为浙江省最早的缫丝厂，通益公纱厂则开近代纱厂之先河，是当时国人自办最大的纱厂，亦由丁丙所创。丁丙是浙江最早有现代实业思想的企业家之一。

这个人简直是千手观音，他的精力和钱财多用来做了善事。

他在拱宸桥修复四年后离世，享年六十八岁。

丁丙临终有诗云："分应独善心兼善，家守清贫书不贫。"

丁氏一族清俭，外来书信的封套要拆开来用里面写字，日常写字会用到纸的边角料。这一做法倒是和李叔同幼时的家风一样。

丁丙兄弟到府衙都是简衣步行，随从拿着礼服，到官厅后再更换。丁申之子丁立诚、丁丙之子丁立中二人皆有父风，衣着简单，人们初见其人，并不知是富家子。

丁丙退任总董直到去世前一年，杭州善举事业的经费赤字绝大部分仍由他填补。

如果说钱镠是杭州的父亲，胡雪岩是杭州的传奇，鲁迅是杭州的过客，苏、白是杭州的高度，那么，丁丙就是杭州的良心。

有人说，他是虔诚的佛门弟子。那我们就能理解一座合掌的桥，理解一件事物的广大，理解为何行走了三千里跨越了五大河流沿运河而来的行船会在此止语，合掌。

杭，渡也。

他主持修复的合掌状的拱宸桥就是他的慈悲、他的心。

他的心要直视一把扇子。

扇子的秘密

水盘腿坐者 HANG ZHOU

扇子"唰"地打开,正反 100 个字符。全是让你感到莫名其妙的代码,是不是很诡异?

杭州,中国京杭大运河博物馆。

一把折扇被抽去扇骨,扇面被裱在玻璃框里,高挂在墙上,即便只是复制品,但因为扇面所绘符号异于平常,参观者无不心生好奇。

也是,这把扇子事关古老帝国的运行体系,事关大运河的畅通,事关大小官员乌纱帽,事关运河沿岸渡口城乡的兴盛,事关诸多人家的口腹生计。

扇子叫密符扇,为一位军粮经纪所有。

何谓军粮经纪?检验漕粮数量和质量的专业人士。

提到密符扇,不得不提漕运,不得不提大运河。

隋炀帝几乎疯了一般修大运河,真的只是为了去看琼花吗?扯。

巡幸一下江南是可能的。

真相是，帝国的存在需要仰仗南方的赋税物资。

漫长的封建王朝时代，在广博的中华大地上，水运是高效而且相对合算的运输方式。

隋炀帝靠水游历，到达许多不曾到达的地方，一个靠雨立国的庞大帝国，要靠水形成物流运动，尤其是粮食的调配，必须高效及时。

隋炀帝是李唐和赵宋的天使，他修的大运河几乎就是天假他之手送给这两个王朝的厚礼。

并且，他在洛阳留下的粮仓，仅一个回洛仓就有50个足球场大。这座粮仓是个仓城，仓城内有标准的仓窖700多座。每个仓窖可以储存50万斤粮食，整个仓城可以储粮3.55亿斤。

隋炀帝开凿的大运河一度成了运粮河，源源不断为洛阳提供粮食。

隋开皇十四年（594），关中地区发生旱灾，夏粮颗粒无收，隋文帝不得不带着王公大臣东移洛阳就食。为了摆脱这种困窘，隋炀帝发动百万余民工开凿通济渠，从而掀开了隋唐大运河浩瀚工程的序幕，以方便帝国接收来自江南的粮食。

结局大家都知道，隋炀帝因此亡了国，并且被黑得体无完肤。诗人皮日休算是厚道的，写诗戳破一个真相：

尽道隋亡为此河，至今千里赖通波。

千里赖通波

若无水殿龙舟事，共禹论功不较多。

大运河的核心功能是运粮，追逐大运河意味着对粮食的追逐。

杭州人民的好市长——白居易，到长安拜见顾况。

顾况看着白居易的名字发了好一会子呆，缓缓说："长安米贵，居大不易。"

唐朝宰相李绅写下了《悯农》：

春种一粒粟，秋收万颗子。
四海无闲田，农夫犹饿死。

写过"朱门酒肉臭，路有冻死骨"的伟大诗人杜甫，在某种程度上是饿死的。

盛唐的挽歌是从对隋唐大运河的失控开始的，粮食生命线被军阀掌控，江南物资进入长安的通道被掐断。饿死最伟大的诗人之后，最终，伟大的唐朝也被饿死了。

伯颜在灭南宋的过程中对水有颠覆性的认识。

1276年，两个前海盗接到一项特殊任务——运送南宋库藏图籍。

元军拿下临安后，南宋降臣建议伯颜把库藏图籍运送到大都，以备修宋史用。

当时淮东地区仍在南宋将领控制之下，伯颜想到了海上运输。他将任务交给了朱清和张瑄。

伯颜自己则马换船，船换马，晃晃悠悠北归。

朱清和张瑄初为海盗，后降南宋，又降元军。

朱张运送库藏图籍，事情办得漂亮。后来一度负责元朝的海上运粮线。

江南的水给伯颜留下了深刻的印象。

自幼马上打天下的伯颜意识到，掌控了水就掌控了一个王朝。

回到大都后，他在给元世祖忽必烈的总结报告里特别提出开挖运河的建议："江南城郭郊野，市井相属，川渠交通，凡物皆以舟载，比之车乘，任重而力省。今南北混一，宜穿凿河渠，令四海之水相通。远方朝贡京师者，皆由此致达，诚国家永永之利。"（《元朝名臣事略》卷二）

所以，伯颜是开挖京杭运河的倡导者。

忽必烈对伯颜相当信任，于是事情得到快速推进。

还有一件事让忽必烈下决心开挖运河。

灭南宋六年之后，通过大运河运到北京的粮食迟迟不到，伯颜想起 1276 年经海道搬运宋室库藏的事。伯颜将此法上报忽必烈，忽必烈权衡了不同的漕运方案后，采纳了伯颜的建议，下令建造 60 艘海船，招募大量熟悉海上情况的船工船员，由朱清、张瑄负责海上漕运，后任命二人为都漕运万户。

然而，海运有海运的弊端，风信失时，多发生粮船倾覆事件。

帝国要多条腿走路。

元朝定都北京后，政治中心由中原转到华北。最初，朝廷仍希望利用隋唐运河旧道转运漕粮。——从江浙一带运粮到大都要借道洛阳，漕粮运输需经多次水陆转运。

海上运路不足以支撑帝国所需。

开挖运河提上议事日程。

元朝对大运河进行了大手术：裁弯取直。

为什么要动这样一个手术？先了解下中国运河的发展状况。

罗马不是一天建成的，中国大运河也一样。是历代帝王将相共同努力的结果。

公元前486年，吴王开掘了我国第一条人工运河——邗沟，这是大运河最早的一段。

再往前的公元前647年，中国历史上发生过一件内陆运输事件。当年晋国饥荒，秦穆公派秦国的运粮船从渭水至黄河再溯汾水进入浍水最终到达晋都绛，运粮船只白帆点点八百里络绎不绝，史称泛舟之役。说明春秋时晋国汾水和秦国渭水皆为天然河流运粮线。

秦汉都长安，开凿漕渠，连接渭水与黄河，从西北到东南形成水运要道，形成东西大运河。东西大运河使用了近300年，随着东汉迁都洛阳，运河西段逐渐停用。

隋朝开通广通渠、通济渠、永济渠、江南运河等多条河段，形成南北大运河。以洛阳为中心，南北大运河向东北可到北京，向东南可达杭州，向西可至长安。

元代京杭大运河改"人"字形航道为近似直线航道，不再绕道洛阳，为此先后开凿了通惠河、会通河和济州河三段河道。把原来以洛阳为中心的隋朝横向运河，修筑成以大都为中心，南下直达杭州的纵向大运河。这条大运河由七段构成：通惠河，北运河，南运河，鲁运河，中运河，里运河，江南运河。取直后的大运河长度缩短了近千公里。

作为南宋都城的临安在元朝又叫回了杭州。

至此，京杭大运河全线贯通。京是北京，杭是杭州。

元、明、清三个朝代，江南物资通过大运河运到京城，重中之重依旧是粮食。

总结一下，漕运肇始于春秋，完成于隋代，繁荣于唐宋，取直于元代，疏通于明清，断航于清末。

在古典小说《醒世姻缘传》里，素姐听说丈夫在京城又娶了奶奶另置了家业，来到金龙王庙里许愿，要其夫"遭风遇浪，折舵翻船，蹄子忘八一齐的喂了丈二长的鲇鱼"。其中写到河神：

> 居中坐的那一位，正是金龙四大王，传说原是金家的兀术四太子。左边坐的叫是柳将军，原是个船上的水手，因他在世为人耿直，不作非为，不诬谤好人，所以死后玉皇叫他做了河神。右边坐的叫是杨将军，说就是杨六郎的后身。这三位神灵，大凡官府致祭也还都用猪羊。若是民间祭祀，大者用羊，小者用白毛雄鸡。浇奠都用烧酒，每祭都要用戏。

因漕运诞生了各种神祇。众多水神中，最有代表性的莫过于黄河河神和漕运保护神金龙四大王。

金龙四大王的来历有多种，盛行的说法是，宋末有一位叫谢绪的文人，据说是开门降了伯颜的太皇太后谢道清的族侄。谢绪在家排行第四，隐居金龙山，所以封神以后叫金龙四大王。南宋亡，耻食元禄，投苕溪而死。

傅友德跟元军在吕梁洪大战，谢绪突然显灵，掀动波涛淹杀元军船只。朱元璋特意封他为金龙四大王，司掌黄河，后来兼掌漕运，官家、漕军、运丁、百姓沿运河建庙拜他。

金龙四大王捍御河患、护漕济运，是明清时期国家的正祀河神。

皇家给漕神的封号达四十余字：显佑通济昭灵效顺广利安民惠孚普运护国孚泽绥疆敷仁保康赞翊宣诚灵感辅化襄猷溥靖德庇锡祜溥佑金龙四大王。

杭州地处运河最南端，既是漕粮输出重地，也是经济文化发达地区，钱塘安溪又是传说中金龙四大王谢绪的老家，于是，明代中后期钱塘安溪成为江南金龙四大王信仰的中心。

明清时杭州的金龙四大王庙达十座。

金龙四大王谢绪投水前的绝笔诗为：

立志平夷尚未酬，莫言心事付东流。
沦胥天下谁能救，一死千年恨不休。
湖水不沉忠义气，淮淝自愧破秦谋。
苕溪北去通胡塞，留此丹心灭虏酋。

咸丰十一年（1861），杭州为太平军所占，丁丙在杭州万安桥田家园大王庙中逃过大劫，事后为报答神灵护佑，发起重修杭州北关和钱塘安溪大王庙，并作《金龙四大王灵感记》，详细记述了此事。

杭州每年农历七月二十四是金龙四大王出巡的龙王会。

通州三月初一开漕节，运河号子响起来，万头鞭燃起来，旱船、竹马耍起来，官员河神庙进香拜起来，还有高跷、舞狮子、花钹大鼓等。清代的戏子们模仿明代的御史吴仲巡河，一眨眼，到了小雪这天，杭州已是闭漕节。杭州的运河水四季流淌不停,然而黄河以北的运河却已冰封,一年的漕运在小雪时结束。小雪节气到了,人们在运河沿岸城市顺势做了休漕节。

明人陈时明在一道奏折中言明:

况漕运之粟,近亦千数百里,远者往返万余里,计其程途,非周岁不能至。有江湖风涛之险,有洪坝搬运之劳,有开渠闸浅之患。当夫秋冬之交,河水流澌,犹裸身入水牵舟,不幸舟败米漂,则货家易产以偿官,犹不足,则逃窜四方。

1473 年,漕运总督报告,有一些船夫四年都没见过家人一面,基本上他们刚一回到出发地,下一年的运粮任务就又来了。

那么,漕粮到底是怎样从杭州运到北京的?

明代,浙江承担的漕粮份额是六十三万石。

清代漕粮供给集中在八个省份:山东,河南,江苏,浙江,江西,安徽,湖北,湖南。这些省份的特点:一是产粮大省;二是沿运河或沿长江,水运便利。

基本流程是:

一、朝廷发通知,某年某月某日,农民伯伯把收获的粮食送到指定地点。

二、漕官要看粮食是否潮湿霉坏,是否是新粮,是否颗粒饱满,是否混有杂质。

三、验收合格后，朝廷官员用标准量器（一种叫斛的器具）核算重量。

四、确定质量合格、数量无误后，将粮食装入漕粮专用麻袋，麻袋外盖上"漕粮"印鉴。

五、将这些粮食收入仓库，比如杭州的富义仓。

六、等待漕船起运。

七、运漕粮这么重大的事情，运输一定得动用军队。

八、各地军队专门运送漕粮的船只分帮，有的军队只有一帮，有的有头帮直至九帮。

九、漕船何处起送漕粮？要么某船帮常年固定到某地起送漕粮，要么船帮轮流到某地起送漕粮。

十、漕船起送漕粮前，要与库管仔细交割，确保漕粮的数量与质量。

十一、交割无误，由监督官员发放通关凭证。

十二、漕船起运，各省巡抚衙门会发给各帮限单一张，载明时间期限。

经过大江大河里奔波，漕粮终于从杭州来到了北京。

粮食要在码头验收，数量对不对，质量过不过关，验收合格方可入仓。那么，谁来验？

漕粮运到北京，密符扇随主人登场。

瑞雪染运河

密符扇被主人精心装在扇袋内，扇袋一面绣有南纳北收，另一面绣有东装西卸。

清代在京城设有十五座收纳漕粮的粮仓，比如位于朝阳门内的南新仓。

漕粮从漕船收纳到粮仓的过程中，军粮经纪负责查验。

对于检验合格的漕粮要及时核查数量，专业叫法是"起米过斛"，就是将漕粮从船舱内取出，以斛来过量。过斛之后，将漕粮装入布口袋，再由验粮经纪用福炭在装好漕粮的布口袋外面画上自家专用密符，称作戳袋。从此，这名经纪就要对有戳袋记号的漕米完全负责。

经纪人在使用密符时，只画图形，也叫画花押，不写符名。局外人见到花押，不知道何名。即使知道符名，也很难知道这符名是谁家的。符形和符名具有双重保密性。

经纪人验收后的漕粮政府还会抽查，如有意外，追责依据就是密符扇面上一百个不同的神秘代码，这一百个代码分别对应一百位军粮经纪。

扇面上的符号是怎么制定的？

来由不可考。

也可以想象是第一任军粮经纪根据自己的爱好来画的。简单的只是一个圆圈，复杂的可能画只老虎。

密符扇使用者的姓名、使用的符形与符名，要得到皇家认可。掌握密扇符号、代码和真正姓名的，是坐粮厅的官员。

那么，什么人可以成为军粮经纪？

创始人几乎是个天才，最初的军粮经纪当然是凭本事吃饭，后来发展到世袭，甚至可以买卖或者转让。

这种密符扇制据说始自元代，明清延续，多时达300人，到清中期基本固定在100人。

军粮经纪首先要有责任心，经纪每年依国家规定的漕粮质量要求，在坐粮厅领导下，严格按照样米标准，检验北上漕粮的质量，并核查数量。

军粮经纪要有真本领，通文字、会算计、识得粮食好歹。军粮经纪能以单臂插入米中，直接取出米样，凭借米与手臂的摩擦和以手攥握漕米的滑涩感判断漕粮是否合格。对于温度高、含水量大的蒸湿漕粮，或者晾晒，或者扬簸，或者一晒一扬，或者三晒三扬，甚至动用扇车，符合标准方可入仓。

军粮经纪基本处于危险关系的中心，每名军粮经纪背后，都有各种看不见的手。军粮经纪头上有仓场总督衙门、仓场监督、坐粮厅的三班六役八科六十四巡社，直接打交道的是领运官、押运官、青帮老大、水手运丁，周围还有花户车户、斛头扛夫，以及蝗虫一样吃漕运的三教九流。搞不定这些关系，也就做不了军粮经纪。

还有，为什么皇家不自己校验？

其实是为了加入民间力量，防止作弊。

漕船沿水路而来，经风见雨，潮湿霉变在所难免，一走数月，被偷被盗时有发生，空间转移过程中掺杂掺假更不鲜见。让非政府人员来做这件事，有点分权的意思。

事情其实防不胜防。

为何要使用密符，而不是直接书写本人姓名？

漕运牵涉关节人员甚多，要点在于尽可能使有利益冲突的人员分开。

在经纪人验粮环节，船丁、漕官、其他经纪人都与之有潜在利益冲突。比如，有的船丁会将装袋漕粮偷去重复报关，有的船丁打开袋子往里掺不合格的粮食，有的漕官或经纪人挟私报复栽赃陷害，等等，不一而足。一旦发现经过经纪人查验的漕粮还有问题，经纪人要担全责。

明清之际，百名军粮经纪过手的漕粮达四百万石左右。他们其实是一个王朝的门户。

密扇是对经纪人的保护，也是对经纪人的监督，甚至也是一种隐秘的荣耀。

军粮经纪的收入如何？

收入来源一是国家补贴，二是行业抽头，三是非法所得。

"每米一石，运军贴经纪车户钱二十二文。"嘉庆五年（1800）又规定："外增加五文。"

另外，每验收一只漕船的漕粮，可以收取"样米"一斛。

补贴由国家发放，抽头是民间行业约定俗成。

"踢斛淋尖"是常见的漕弊手段。

比如，用斛过粮，斛满了再踢上几脚，斛里的粮食便塌陷下去，这叫踢斛。收粮时斛踢不踢，踢几脚，用多大力气踢，这里面大有讲究。

比如，"起米过斛"要用刮板，粮食装入斛之后用来刮平。斛平斗满是为公平，要求刮板平直无误。而军粮经纪手里的刮板多是月牙形，刮斛时，月牙朝上斛面是凹的，月牙朝下斛面是凸的。一凹一凸的差距叫"淋尖"。

军粮经纪的非法所得，也要吐出来一部分送给坐粮厅官员，用以疏通关系，上下打点。

经纪每年净收银约千两。

目前发现的唯一一把存世的军粮经纪密符扇是通州陈乃文的家传之物，他的高祖陈培芳在1847年担任军粮经纪时，密符扇由前任经纪人移交而来。

密符扇上的字符有地名1个，舟车名2个，店铺名2个，花果瓜蔬名12个，鸟兽虫名17个，日常用具名16个，古人名50个。

一把扇子里藏着漕运的惊天密码，藏着一个王朝的秘密体系，藏着运河沿岸帮派，藏着江湖。

扇——善。本来作为引风之物助人为乐的扇子，却承担了世道人心中最不可被直视的部分。

探究隐藏的头部。

头部的深情

青年时代的杜甫某种程度上也是一个浪荡子，他甚至一度在萧绍平原上游荡出没。他热爱的贺知章是萧绍平原出产的孩子，杜甫根本就没见过贺知章，他在自己的诗里一再想象贺老大的风采。

许多事情，贺老大都开了个好头。

浙东运河又名杭甬运河，西起杭州西兴，跨曹娥江，经绍兴，东至宁波甬江入海口，全长239公里。浙东运河前身是萧绍运河，而萧绍运河的前身又是山阴故水道。事情一追溯就到了春秋吴越争霸时期，开通运河无非是为了运粮、运兵、运物资，顺便给民生带来好处，地理环境决定了当地船为车、楫为马。

范蠡为了构建军事堡垒修筑山阴大小城，也就是绍兴城的雏形，同时疏浚了废弃的山阴故水道。河道从山阴城的东城门一直到上虞，连通了东西小江，成为越国的交通命脉。

西晋会稽内史贺循主持开凿的西兴运河，是萧绍运河的雏形。萧绍运河是浙东运河的西段，西起西兴，东

至曹娥江，全长 78.5 公里。

萧绍运河萧山段 21.6 公里。

这短短 21.6 公里，过龙舟、运粮食，载诗酒风流，是多个头部：浙东运河头部，浙东水上驿站头部，浙东唐诗之路头部，浙江文明头部。

具体来说，这个头部是西兴，是西陵渡，萧绍运河在此与钱塘江交汇，北连京杭大运河，意味着和中原大地发生关系。

浙东运河头部的最初用途是灌溉，即水利工程。比如，北宋时期，湘湖是堰塞湖。萧绍运河和湘湖通过调节闸坝连通，两者互相配合，运河负责沟通各个水系，而湘湖则像一个水库，形成循环水系，旱时引水，涝时排水，

第二章 大运河

乾隆南巡浙东运河段

灌溉运河沿线 14 万亩良田。

浙东运河头部又一价值在于运输，是始发，是起点。

水运是古代最重要的运输方式，海运风险大，而钱江水道常淤塞，萧绍运河是内河航道，方便又安全。漫长的 1700 多年间，萧绍特产过钱塘，入京杭大运河，运往北方，北方物品通过浙东运河从宁波出海。运河沿岸商号云集，舟船日夜不息。

回澜桥的一副桥联写道：

半市七桥足证东土人烟聚；
一河六港汇使南流地利兴。

物产走水运，人也一样。宋高宗三次往返浙东运河，途经萧绍运河，死后也经由萧绍运河葬绍兴陵寝。由两百多艘船组成的出殡队伍，从临安出发，渡钱塘，越萧绍运河，历时五天达上皇山麓墓地。

康熙皇帝六下江南，五次到浙江，其中第二次舟行浙东运河，前往绍兴祭禹。乾隆曾六次南巡浙江。其中第一次南巡时，也经浙东运河，前往绍兴祭禹。

浙东水上驿站头部价值在于传达，保证帝国的公文政令能快速传递到水能达到的地方。

浙东唐诗之路头部的价值在于创造，给中国人带来了最华美的艺术享受，汉字组合呈现的思想达到顶峰。

至于浙江文明头部，萧山出土了8000年前的独木舟，完全担得起这个称呼。

《全唐诗》收录的2200位诗人中，有400多人从西陵渡出发与萧绍运河有过交集，他们一路走，一路歌，一路哭，一路看月亮，一路醉酒，一路写诗，硬生生走出一条唐诗之路。

其他人先不说了，贺知章在这里开了个好头。李白作为当时诗界的江湖老大，佩服的人应该不多，而他对贺又送又追又忆，甚至，萧山若没有贺知章都不值得李白踏足前来。

为什么会有400多位唐代诗人接踵往来于浙东，在此流连忘返并且留下1500多首诗篇？

浙东唐诗之路指唐代诗人穿越浙东七州的山水人文之路，七州指越州、明州、台州、温州、处州、婺州、衢州，他们大多从钱塘江出发，经绍兴，自镜湖向南过曹娥江，溯源而上，入剡溪，过剡中，至天台山。之后，这条线路又延伸到温州，再从瓯江回溯至钱塘江。

多年以后，日本偷渡来的成寻和尚还沿这条唐诗之路到了天台山。

2016年9月，九华山风景区杨田镇一座被称作天官坟的古墓被盗。墓主人施尧臣和萧山大有关联。

他在明代重建了萧山县城。

那时候倭寇猖狂，常来城中劫掠。施是嘉靖二十九年（1550）进士，任浙江萧山知县时，萧山连城墙都没有。建城要银子啊，他说服朝廷说服朝臣说服当地各方，萧山虽然偏处浙东一隅，但它是浙东的地理要害，地方藩省的门户，越、明等州之间的通道咽喉，如果不修建城墙，现有军民不足以抵御倭寇进犯。危害的不是萧山一县，而是整个浙东乃至大陆腹地。

说明萧山县城的重要性：一是地理环境，二是军事价值，三是对外贸易。施尧臣虽是知县，却是站在宰相的高度考虑问题。

萧山县城于嘉靖三十二年（1553）十一月动工，次年三月竣工，历时四个多月。城周九里一百二十步，高二丈五尺，宽二丈二尺，上垒雉堞两千五百八十五垛。其间开陆门四座，水门三座。陆门东有达台门，西有连山门，南有拱秀门，北有静海门。东西南北门外各设月城，以作屏蔽。门上各建城楼，东称近日，西为听潮，南名拙政，北叫修文。水门均通舟楫，东题派入三江，西书越台重镇，南谓清比郎官，北干山上筑有四望台。廓外护城河环抱，与南门江、萧绍运河贯通，护城的同时保证通航便利。

萧绍运河萧山段在民国前尚有永兴（西兴）、清水、凤堰、陈公桥、转坝、霪（行）头、涝湖、吟龙等二十五座闸坝。

萧绍运河还催生出夜航船这种事物，是夜间航行在运河上的白篷大船，船头画着两只大大的虎眼。靠人力摇动两支橹前行，每晚从西兴出发，次日凌晨到绍兴城。贩夫走卒，文人墨客，大家聚在同一条船上，漫漫长夜做些什么？闲聊呗。聊什么？于是又催生出张岱的奇葩小百科《夜航船》，4248个文化常识，天地山川、日月、风云雨电、君臣父子、兄弟姐妹、佛道仙神、飞禽走兽、美器饮食、符咒方法……什么都有。

橹声欸乃。这样的船，张岱坐过，秋瑾坐过，周树人坐过，朱安坐过。

只要有河，那些夜航船自会进来。船夫看到岸边屋舍，用木棍敲着船帮，笃笃笃……召唤着准备远行的客人。夜航船把蠢蠢欲动的山民带走，然后他们去了不可知的地方，有的发迹归乡，有的不知所终，成为谜团。

日复日。年复年。花叠花。福叠福。金堆银。

有一种繁华是锦上添花。

三十九公里的绝世繁华

红眼鳑鲏，呱嗒呱嗒摇到塘栖。
塘栖火烧，烧死红眼鳑鲏。

儿歌常常没什么道理。

鳑鲏是一种鱼，而塘栖是一个江南小镇。

江南运河是京杭大运河最南端部分，镇江起，过苏州，杭州止，长330公里，是京杭大运河最富庶的地段。

江南运河杭州段长39公里，北起余杭塘栖，南至钱塘江，贯穿杭州余杭、拱墅、上城三个城区。

这39公里承载了运河的绝世繁华。

从武林门码头出发，沿京杭大运河北上，行至25公里处十字路口的武林头，再走两三公里就是塘栖。

元末以前，京杭大运河的主航道是上塘河。上塘河地势高，经常缺水，要靠引入西湖水才能顺利通航。而且沿途有很多坝，船只翻坝费时、费工、费力。

张士诚开武林头至江涨桥段运河，此后，江南运河即走新开河道，经塘栖至杭州，代替了原经长安（治今海宁）、临平至杭州的故道，成为京杭大运河现在的通航河段。

新运河扩大了上塘河的运输能力，而塘栖接管了临平的繁华。

古时候走水路，船行五六十里后便要停下来歇脚。比如陆游一早从艮山门出发到临平，走上塘河，黄昏到达，差不多五六十里。从武林门到塘栖，也是五六十里。五六十里在古代是走水路的一个节点。塘栖就是节点的所在。

坐轮船一个小时就可以从老家到杭州，坐火车一个小时也可以从老家到杭州。丰子恺就要坐着小船儿走上三五天，呱嗒呱嗒先摇到塘栖。

他觉得坐火车也好，坐轮渡也好，都是几百个人被装在一个大箱子里，以同一个速度朝着同一个方向，从一地搬运到另一地。

他不。

他要坐着小船，走运河，到塘栖停一停，上了岸再坐黄包车到自己的寓所。那时候稿费是可以养活人的，他偶尔去的寓所日常也会有仆人照管。

丰子恺一定要绕道的塘栖是个江南小镇，京杭大运河穿镇而过，是苏、沪、嘉、湖的水路要津，杭州的水上门户。

塘栖古镇

江南娇养人，三五里路也是不愿意走的，必得坐着小船儿来去。女孩子怕走大了脚，娇娇的，懒懒的。

客船讲究，在船头安置一应用具，摇船人在船艄工作。船舱是客人的天地，一榻一桌，还挂着字画，两旁开玻璃窗，窗下有坐板。可四人共饮，也可将麻将打起来。这种船雇用一天大约花费一元。沿运河埠头再走走亲戚，一晃就是三五日。

凭窗闲眺两岸景色，一时已到中午，船家会送来酒饭。酒足饭饱后，睡个午觉，醒来发会子呆，至傍晚到达塘栖。

因为雨多，塘栖的一大特点是家家门前建凉棚。当地有说法：塘栖镇上落雨，淋勿（不）着。

塘栖酒家菜品种类多而分量少，几十个小盆子摆着，有荤有素，有干有湿，有甜有咸，随顾客选择，最宜吃酒。

那天丰子恺喝了一斤花雕，吃了一碗素面，且醉且饱，到小镇中散步去了。路上顺手买了白沙枇杷，回到船上，给船娘分了些。自己坐在窗前剥枇杷吃，皮和核扔在运河里，再就着河水洗洗手。

北宋以前，塘栖是个小渔村。

塘栖和张士诚大有关联。张士诚早年贩卖私盐，常受当地富户和一个负责治安的弓手丘义的欺负。张士诚忍无可忍，联合三个弟弟以及朋友共十八人，率盐丁起兵，攻下高邮等地，号称"十八条扁担起义"。

次年，张士诚自称诚王，国号周，攻下常熟、湖州、常州等地，占据控制了运河，阻断了江南向大都输送粮食的漕运。因此，元政府把矛头对准了张士诚的大周政权。

就在要灭掉张士诚的时候，元政府出了一个昏招，把宰相脱脱给流放了，流放途中还用毒酒把他鸩杀了。于是，张士诚的政权得以苟延残喘。

元时禁天下修城，强令全国各州县拆毁城墙，杭州的老城墙也不能幸免。

凤山门一带，因临近南宋皇城，原本繁华热闹，它的旁边有六部桥，是南宋朝廷三省六部官署所在地，是南宋的政治中心。西侧万松岭一带，连着西湖，春来游人骑马踏青，杭州人有"正阳（即凤山门）门外跑马儿"的民谣。

南宋临安城有水门五座，南水门、北水门、保安水门、天宗水门和余杭水门。

宋亡后，皇城废弃。张士诚改筑杭州城。

大周政权统治杭州直到至正二十六年（1366）。张士诚最后亡于朱元璋政权。被押解至明朝都城应天府时，自缢而死，时年四十七岁。

辛亥革命杭州光复后，杭州诸多城门在拆城墙运动中损毁，然而，凤山水城门却奇迹般地留了下来。

同是元末起义军的陈友谅，兵败后部下被逐入水中沦为贱民，就是后来在钱塘江上生活的九姓渔民。

元朝开始，钱江之水，自龙山涌入凤山水门，通过城内阡陌纵横的水道，出武林门水门，和京杭大运河连在一起。凤山门既是龙山河的北端端点，也是扼守江南运河通往钱塘江的咽喉。

张士诚，这个杭州的过客，给杭州留下一座作为宝贵遗产的水城门。

这座城门六百多岁，横跨在中河上。

1908年，美国传教士费佩德花了大约一个便士的钱，坐着一只篮子从凤山门进了杭州城。

这对费佩德来说是一个全新的体验。凤山门是一个双重大门，即水陆两门。旁边的水门常有大量运纸的船通过。城门一侧有雉堞的城墙顶上，一架辘轳上悬挂着一只巨大的箩筐，费佩德坐着箩筐，把自己吊进城去。

运河横穿塘栖，把塘栖分成了水南、水北两部分。水南繁华而水北寥落，水北街是拉纤的通道。直到横跨运河的广济桥于 1498 年建成，这座京杭大运河上仅存的七孔石拱桥，把塘栖两岸连起来，从此，塘栖有了规模、气势和传说。

光绪《唐栖志》中写道："迨元以后，河开矣，桥筑矣，市聚矣。"

塘栖恰到好处的地理位置被催生出繁华：东可到桐乡、嘉兴、上海，北走去往德清，西走可通老余杭、安徽、南京，南走半天路程到杭州。

南来北往东去西返，帆如织、船如梭，杭州来的在这里休整，嘉湖来的在这里停宿。

"跑过三关六码头，不及塘栖廊檐头。"塘栖旧时有弄堂七十二条半，石桥三十六爿半。桥通河，而店面全依河而建。走累了，就在沿河的一长溜美人靠上休息。反正雨淋不着，日头晒不着。

风雅的，也可以到塘栖探探梅花——江南三大探梅胜地之一果然名不虚传。

来来往往的客商把塘栖的好传至八方。

"碧天桥外春流暖，千点桃花一点青。"碧天桥即广济桥，一点青即鳑鲏。

（外婆唱着：）
一箩麦，两箩麦，三箩开花拍大麦。
噼噼啪，噼噼啪。
猫咪猫咪，明朝初二。
买条鳑鲏，挂在床里。

鳑鲏跳一跳，猫咪笑一笑。
（因因问：）
猫咪为什么要笑一笑？
（外婆又唱：）
猫咪看到鳑鲏鱼，
知道自己有吃的了。
（于是因因睡着了。）

有鳑鲏的地方必有河蚌，有河蚌的地方必有鳑鲏。因为它们要靠对方互养小孩。

运河人家在河埠头洗碗，篮子里的碗一放到水里，食物残渣就会吸引鳑鲏过来。说明水体干净并且是活水。缓缓提起篮子至要离水的一刻猛地一拎，篮子里会有鳑鲏留下来。

夏日在河里泡泡脚，也会被小鱼儿亲啄，滑滑的，痒痒的。其中就有鳑鲏。

塘栖和运河就像是鳑鲏和河蚌，互相成就了彼此。

明崇祯九年（1636），徐霞客从家乡出发，乘醉放舟，经无锡、苏州，第七次到浙江，沿运河达塘栖，再至杭州北新关、松木场。

松木场很有意思，钱镠在此演兵，方腊在此起义，赵构从此奔逃，徐霞客在此登岸，大舟长排在此停泊，杭城日用的柴薪在此交易，尤其是香船在此汇聚而成香荡。民国在这里行刑，先烈在此就义，二战后汉奸也在此掉了脑袋。

老鼠嫁过了女儿，元宵节过去了，小添仓过去了，老添仓过去了，年过完了。春天的另一件大事着手启动。事情从宋代开始发生，江南运河上游三府浩浩荡荡的来客到杭州进香，千余艘船只停靠在松木场的湖荡，湖荡有荡主，收停泊费就是意思一下，船一停就是月余。客人白天朝山进香，晚上宿在泊船上，一月泊下来也就成了水上邻居。

人是香客，船是香船，荡是香荡。

香客们就势把随身带着的土特产摆起来，你买点我的，我买点你的，娃娃们的念想、亲朋好友的伴手礼就有了着落。进了香、朝了山、访了沿水的姐妹做做小本生意至少赚了来回的路费。呀，家里的桑树发芽了，该回去饲养蚕宝宝啦。

松木场也就有了这香荡的名头。松木场因松木场河得名，松木场河在宋时称下湖河，为西湖泄水河道之一，通西溪与余杭塘河。没落发生在清末。

松木场河的结局是被填平建了住宅楼群。

进香的第一站是香积寺，香积寺初名兴福寺，建于北宋太平兴国三年（978），北宋年间改为香积寺，屡毁屡建。寺庙山门前的运河航道上，每天有数以千计的舟船经过，人们把运河称作官河，毕竟是官家开的嘛。

拱宸桥修建之前，走水路进入杭州城的第一站是北新关，杭嘉湖来的香客到灵隐、天竺朝佛进香必然经过船舷左侧的香积寺——这里又是庞大的漕军漕丁暂栖之所。香客们冒着霜在月夜里赶来，在香积寺烧一炷头香，再心满意足地进城。漕军漕丁启航前就近也在香积寺烧一炷高香，求菩萨保佑顺风顺水、一路平安。

香积寺石塔

香积寺是人们通过运河进入杭州经过的第一座寺庙，也是离开杭州时的最后一座寺庙。

香积寺山门前后，人头攒动。香客们来得早，僧人们起得更早。昏黄的灯光让人心安。

香积之名源自《维摩诘经·香积佛品第十》：

> 有佛名香积如来至真等正觉，世界曰众香，一切弟子及诸菩萨皆见其国。香气普薰十方佛国诸天人民，比诸佛土其香最胜。而彼世界无有弟子缘一觉名，彼如来不为菩萨说法。其界一切皆以香作楼阁。经行香地苑园皆香，菩萨饮食则皆众香，其香周流无量世界。

香积后来转化为僧道饭食或寺院香积厨的别称，香积寺主供大圣紧那罗王菩萨，即监斋菩萨，也是杭州人口中的灶侍菩萨。

寺门之外，是沿着运河航道形成的庞大民间集市。

"东门菜，西门水，南门柴，北门米。"南宋时的儿歌唱道。

杭州四方因地理地貌不同，所出物产各不相同：东门因千百年泥沙淤积形成沃野田畴；西门邻西湖，是杭州生活用水的水龙头；钱塘江上游木排竹筏顺流而下，所以南门外排筏连天；大运河绕北门而过，下三府及苏、常等地漕船在北关湖墅集结，米行粮仓相接，犹如座座银山。南江北河，江是钱塘江，河是京杭大运河，江与河制造了"金江干、银湖墅"。

穿梭古今，跨越南北，天下转漕，仰此一渠。大运河中出现最多的是漕船。漕船长啥样？以明朝为例，运河中行驶的漕船超万艘，船身由楠木打造，长五丈一尺，宽一丈，高五尺，共十三个舱。造价为白银万两。

隋炀帝的龙舟虽未到杭州，可是他疏凿拓宽了江南运河。他的龙舟盛大华美，让人向往：高四十五尺，阔四十五尺，长二百尺。四重，上一重，有正殿、内殿、东西朝堂；中二重，有一百六十房，皆饰以丹粉，装以金碧朱翠，雕镂奇丽，缀以流芳、羽葆、朱丝、网络；下一重，长秋、内侍及乘舟水手，以青丝大绦绳六条，两岸引进。其引船人，普名殿脚，一千八百人，并着杂锦、采装、袄子、行缠、鞋袜等。

运河上樯帆林立，船只五花八门，航渡的、拉货的、下地的、打鱼的、唱戏的、宴饮的、寻欢作乐的、宗教祭祀的。

帝国的庞大靠乡民田间经年累月的劳作,满仓满谷的丰收、满河满道的拥挤是水乡农家素朴的木船摇来的。那一只只木船必得用到极致,下地乘船往返靠它,给蚕宝宝们买桑叶靠它,水稻季在船舱中浸泡谷种靠它,冬天捻河泥积肥靠它,节日庙会打扮打扮又摇身一变成了龙船、灯船、台阁船。江南的好、运河的好就是普通农家船不作龙舟模样也能参与竞渡,叫划快船。万一赢了呢?也真的赢了。辛苦吗?辛苦。快乐吗?快乐。

一群鸭鸭随船行,就是岁月静好。

货船如铁头船,也叫连家船,前舱住人,中舱装货,全家老小,全在船上,船就是家,家就是船,经年累月,浮居水上。——小孩子要用绳子拴着,不然一不留神,会掉进水里。

乌篷船多,大乌篷船跑上海、跑南京、跑扬州,小乌篷船跑湖州、跑塘栖、跑德清。

航船、栈船、埠船、快船,载客的同时捎货。旅途寂寞,就着小菜喝个小酒,水上时光也就打发过去了。

运河的夜里有花船,傍晚露面,一枝红艳坐在船舱,明眸不时瞟向窗外。

不得不再提夜航船。乘客傍晚上船,一觉醒来,天亮时就到达目的地。解缆开船,鸣锣为号,大大小小的埠头都要停靠。枕着水声,水声能助眠,也让人失眠。

我为你小姐珍珠凤,相公不做做书童。

水路班子坐戏班船沿运河辗转演出,书生和小姐的故事百看不厌，最高兴的是女眷。

竹筏木排扎起来，沿钱塘江出山，顺流来到杭州，江干一带形成远近闻名的木材集散地。江边木行林立，水客山客云集。木材在这里成交后，过塘过坝，进入运河，行销天下。整装待发的竹筏木排汇集拱宸桥，恍若长龙惊现。

到了晚清，运河上出现了小火轮，杭州到苏州，苏州来杭州，一天一个来回。

水也有走累了的时候，适于歇脚的地方形成了码头，南来北往的物在此流通，五湖四海的人在此相聚，码头浓缩是非，也制造传奇。

康熙二十八年（1689）二月十三，一个叫金张的书生来杭州走亲戚，恰好赶上皇上南巡至杭州。康熙来杭，官府传旨，允许臣民夹道迎接，抬头平视。半道红外平如砥。

那一夜，杭州集体失眠。

金张在码头上亲眼看见了皇上，事后还记了下来。

在湖墅一带，最早有两个码头，都是皇帝曾经上岸的地方。皇帝到过的码头，那得叫御码头。

后来，皇上下江南上了瘾。

康熙六下江南，五来杭城。

乾隆六下江南，六来杭城。

康熙是在老码头上的岸,即河塍上。

乾隆除了第一次是在老码头上岸,后五次都是在宝庆桥的新码头。

码头是家国命运,河埠是运河人家的日常生活——河埠是小码头。

杭城北,拱宸南,运河、余杭塘河、小河三水交汇处,康家桥起,北至杀牛桥,小河直街长达一里。小河直街因傍小河而得名,在运河边肆意生长。小河边,直街里,是运河人家的本来模样。一不留神,它可以追溯至唐宋,得水陆之利,一度成为物资集散、河陆转运地。

沿街居民祖祖辈辈不是搬运就是造船,要么拉纤,总之都能和运河扯上关系。

米店、茧行、布庄、孵坊、酱园、酒肆、茶坊、仓库,房屋店面多服务于漕运漕船、漕军漕丁。

四乡船舶穿梭往来,八方语言不绝于耳。

民居一河两街,面街一楼为商铺,二楼为居所,下店上寝。房子为木制结构,地面铺青石板,穿过厢房,后门紧挨铺着石板或鹅卵石的洗衣淘米河埠头。

小船嘎吱嘎吱经过河埠头。

摇橹的人唱道:"摇进阿妹水埠头,等我天亮回杭州。"

除了开店做生意,一根扁担也能挑起一个家。扁担儿是直街上的常客，梨膏糖担儿、刨冰担儿、炒白果担儿、馄饨担儿……边走边吆喝，一街的孩子尾随——馋嘴小妹妹嫁了扁担儿的心都有。

信担儿有点像现在的快递小哥。邮驿店送往下三府的物件托给各路船工，信担儿从各埠头将它们担到邮驿店分拣，再担到各埠头托船家送出。下三府的包裹也由船家带来，有四时鲜物，有小宗货物，也可能就是打问一个人单纯地捎来一句话。

小河直街的繁华在1916年的夏天落幕。汽车出现在小河直街上，长途客车渐渐取代了船。

中国地势西高东低，大江大河多为东西走向，南北向的京杭大运河沟通了东西向的五大水系。浙东地区地势南高北低，河流多为南北走向，东西向的浙东运河沟通了南北向的河流，一竖一横，在钱塘江畔交汇，到此为止。而隋唐运河的其他河段则在这一竖一横间任意游走，最终人和自然合谋，通过流水的力量，沟通了世间万物。

参考文献

1.吴晶、周膺：《晚清慈善组织在城市社会治理中的先导作用：丁丙〈乐善录〉与杭州善举联合体研究》，《浙江学刊》2018年第2期。

2.许菁频：《杭州运河名人》，杭州出版社，2014年。

3. 秦宝琦:《江湖三百年:从帮会到黑社会》,中国社会科学出版社,2011年。

4. [美]黄仁宇:《明代的漕运》,新星出版社,2005年。

5. 吴琦:《清代漕运水手行帮会社的形成:从庵堂到老堂船》,《江汉论坛》2002年第12期。

6. 鲁迅:《鲁迅书信》,人民文学出版社,2006年。

7. 鲁迅:《鲁迅日记》,人民文学出版社,2006年。

8. 史卫民:《大一统》,生活·读书·新知三联书店,1994年。

9. 姚汉源:《京杭运河史》,中国水利水电出版社,1998年。

10. 吴宾、党晓虹:《中国古代粮食流通与粮食安全》,《安徽农业科学》2011年第6期。

11. 胡梦飞:《明代漕运视野下的金龙四大王信仰》,《聊城大学学报(社会科学版)》2018年第1期。

12. 任德永:《密符扇之谜》,《北京晚报》2017年11月1日。

13. 马时雍主编:《杭州的水》,杭州出版社,2003年。

14. 李靖、徐永利:《略论萧绍运河文化的空间演绎:以钱塘古镇西兴为例》,《华中建筑》2008年第3期。

15. 陈志富:《萧绍运河的开挖和发展变迁》,会议论文,载《2013年中国水利学会水利史研究会学术年会暨中国大运河水利遗产保护与利用战略论坛论文集》。

16. 〔南北朝〕鸠摩罗什等:《佛教十三经》,中华书局,2010年。

17. 徐勤、宣建华:《京杭大运河(杭州段)与杭州城市的发展关系》,《建筑与文化》2018年第5期。

18. 许明主编:《运河南端说码头》,新星出版社,2013年。

第三章

河道

临平为陆游下了一场黄昏雨

南宋乾道六年（1170）六月初二的黄昏，陆游发了条微博：

过赤岸班荆馆，小休前亭。班荆者，北使宿顿及赐燕之地，距临安三十六里。晚，急雨，颇凉，宿临平。

陆游的微博名称是：陆游游。

微博头像：小狸奴。

关注 187 人 | 粉丝 97553

微博认证：写诗的，养猫的，一不留神中了进士。

转发 236，评论 634，赞 3416。

网友评论：

大爱猫咪：

你要去哪里？小狸奴怎么办？怎么办？怎么办？

蓝小姐和蓝小姐：

……男人外出当官，在漫长的上任途中会发生什么？好奇。

木子李：

唐婉是真爱吗？一点不耽误你娶妻生子。约吧。

错错错：

多添衣。

大明白回复错错错：

你是唐婉。

语文sir：

班荆是个什么鬼？人名吗？

咬文等16人回复：

《左传》记载，伍举从郑国去晋国的路上，和老朋友声子相遇于郑国郊外，铺五色布于荆条上，坐地共话旧情。

提前出生：

伍举是伍子胥的祖父，伍子胥是潮神。我的关注点是不是有点尬？

卖弄一下：

班荆馆是高级宾馆，一般人住不起的。陆游游怎么说也是官三代。

八一八：

主要是接待金国来使的。不知道最近哪位使者在。

风华绝代：

你不和清照姐姐一首词吗？

大明白回复风华绝代：

陆游游才不会呢。秦桧老婆是清照姐姐的表姐。陆游游当年考中进士，秦桧的孙子名居陆游游之后，陆游游被踢出局。

风华绝代回复大明白：

你果然好八。

……

其时，陆游四十六岁，被外放做官，从老家出发到夔州，沿途每天记日记。

南宋如果有微博，陆游会是拥有几万粉丝的大咖。他可以被炒作的点太多，比如：生在船上，历经家国剧变；世家子，猫奴；有过刻骨铭心的爱情并且表现得很受伤；写一手好诗；受过人人唾骂的秦桧的迫害；喜欢四处游荡；有一定的谋略，如果有机会，会上马杀贼；有硬核朋友圈，比如范成大、辛弃疾，几任皇上对他很器重；对大自然的一山一水一花一草有深情。

临平为陆游下的一场黄昏雨，点点滴滴。

陆游陷在某种情绪里。

赤岸埠头。樟树巨大的树冠覆盖半条河面。陆游上得岸来，樟树一直看着他，看着他头上的东坡巾，看着他上衣锦桥，看着他在班荆馆前的亭子里小坐。

衣锦桥桥洞转角被纤绳磨出深深的槽痕，纤夫把纤绳放在最熟悉的一道槽痕里。

"嗨——哟……""嗨哟、嗨哟……""哎嗨——"

纤绳摩擦石槽的窸窣声被亘古以来的号子声掩盖，纤夫赤足踩在唐时的古纤道上。

陆游并没有关注樟树，人们对于平凡之物惯性漠视。谁能想到，这棵樟树竟然活过了千年。它见证过许多事物，掌握世间许多的秘密。

樟树在南方，要么种在院子里，日后作为女儿的嫁妆；要么种在村口，作为风水树护佑村人。赤岸埠头的樟树有点风水树的意思。

樟树看着班荆馆进进出出的人。那些人穿着奇奇怪怪的与本地人迥异的着装，原来是金人，他们来自遥远的北方，一个樟树想象不出的地方，据说那地方冷。

其实班荆馆早在五代时就有，用来招待朋友嘛，比如周太祖郭威，曾幸班荆馆。

宋立国，班荆馆沿用。东京的班荆馆，设在开封府景阳门外祥符县北，用来接待北使。靖康之变后，东京班荆馆毁于金兵之手。

临安的班荆馆至迟在绍兴十三年（1143）就已建立，乾道二年（1166），宋孝宗还下诏重新装修班荆馆，并且限八个月完工。

南宋的班荆馆主要功能是接待金国来使。

金国来使到南宋的第一天，肯定要下榻班荆馆，由专门的馆伴使接待，并设宴招待。第二天再进临安城。进了临安城，等待皇上召见。皇上召见，不是赐物就是赐宴。然后就是在临安城各种参观玩耍、购买土特产。西湖是一定要游的，钱江潮是一定要看的，天竺寺进香也是不可少的，玉津园燕射也是要玩一下的，桨声灯影里听戏也是要体验的，名人故地也是要览一下的，苏东坡他们也是崇拜的，金使也会问出"林和靖当过杭州知州吗？"这样的傻问题。反正各种费用统一由都亭驿支付——金使来临安前，朝廷内库先拨一万缗给都亭驿。金国来使在玩耍的同时搜集情报也是职责所在，发一下金国的威风也是因人而异。对于招待不周的馆伴使还可以要求更换。

还有一个奇葩约定，在金使经过的地方，官府私人的牌额，都要用纸蒙起来。直到隆兴年间，金使到天竺寺烧香，经过太学门口，有个叫程宏图的太学生拒绝蒙太学的牌额，并且说，太学是贤士读书的馆阁，是国家储备人才之地，有什么对不住金国使臣的呢？

事情上报给皇上，皇帝正为阜陵要不要蒙盖的事为难，于是赞许了程宏图，并且就此免除了这项规定。以后一直沿袭下来。

金使也没提出什么异议。来江南玩耍，到处被纸蒙着也没什么意思不是？

程宏图后来进士登科，皇上记住了他的名字，直接提拔他为大理寺丞。

金使在临安游玩之后，还要回到临平，回到班荆馆，还是要沿上塘河被礼送出境回到金国。

班荆馆随南宋的消失而消失。

再来看班荆馆所在位置：赤岸。

《咸淳临安志》记载："赤岸河，在赤岸南。自运河入，通高塘、横塘诸河。"

赤岸河是皋亭山南面上塘河一段，北岸因土赤，故名赤岸。南宋时，赤岸河有水路可到余杭门外。赤岸河南岸则有通道经走马塘入临安城。

陆游于乾道六年（1170）闰五月十八，从老家山阴（绍兴）出发，赴任夔州通判。经浙东运河至萧山西兴，二十日抵临安（杭州）。六月初一起，沿上塘河，经丁桥皋亭山前赤岸班荆馆，入江南运河。六月十七，抵镇江，从镇江而南昌，再由南昌到夔州，已是十月二十七。一百六十天，每天都有日记。

陆游《入蜀记》记录了从绍兴出发所经线路，钱塘江以南，经过柯桥、钱清、萧山、西兴，渡江以后，线路与成寻所记相同。

成寻和尚从杭州出发，途经海宁、桐乡、嘉兴、平望、吴江、苏州、无锡、常州、丹阳、镇江，舟行十天，走的是江南运河的主要行经路线。

　　不藉燕支拂鬓纱，西风吹绽碧蝉花。
　　侬家赤岸村边住，晓擘牵离染翠霞。

　　诗里说到碧蝉花，赤岸河边有赤岸村，村人爱好别致，秋天取碧蝉花汁，制作蓝燕支，用来画羊皮灯，自夜里看来，那灯色更蓝。

　　他当然想到了她。

韦太后，往事不要再提

在比陆游宿临平更早的时间——南宋绍兴十二年（1142）八月，皇上带着文武百官来到临平，迎接一位女性。

像许多中国古代的女性一样，即使她在《宋史》里有传，却没有自己的名字。

还是称她韦氏好了。

皇上是宋高宗赵构，韦氏是他的母亲。

当晚，韦氏住龙兴寺。后启程入临安，皇城中已事先为她建造好一座慈宁宫。

临平在杭州东北面，是出入杭州的东门。

韦氏被掳金国十五年。母子相见，恍若隔世。赵构喜极而泣。

百官兵士无不动容。

还有一个细节，太后特地呼韩世忠至帘前慰劳。也有说她问到大小眼将军（即岳飞），才知道其已死在狱中。这个应该是演义了。

太后知道韩将军的事情，也就一定知道岳将军的事。她也不会当着文武百官的面让儿子下不来台。

靖康时随二帝北狩，其时她是四十八岁的妇人，在金国十五年，归来六十三岁。北狩是好听的说法，其实是被金人掳至北地，受尽屈辱。

自从金人答应放她南归，她怕事情生变，几乎是用尽方法，才得以回到故地，在临安过完了在外人看来华美的后半生。

靖康耻，是宋人的痛，女性在这个过程里更有着不可言说的悲痛。

韦氏在金国最初被发配到浣衣院，听起来像是在做苦力，其实浣衣院是金国王公贵族消遣的地方。韦氏应该美丽非常，要不也入不了宋徽宗的眼。

忽然有一天，她被妆扮起来送到一座府第，和一个男人成亲。男人是金国的盖天大王，她还给那个金国的男人生了儿子，有说是一个，有说是两个。

在宋地贵为皇太后、皇后、贵妃、帝姬、官员的女儿们，一样被金人侮辱蹂躏。女人们要么自杀，要么被杀，要么被买卖，要么做苦力。

韦太后（当时为韦贤妃）的儿子也即徽宗的第九子赵构在流亡中称帝，定都临安，赵构即为宋高宗。高宗

龙兴寺经幢

遥尊徽、钦为二圣，遥尊生母为宣和皇后，继改为皇太后。

她真是生了个孝顺儿子，赵构几乎是哀告金人：太后在金国不过是个老人，而在我朝，所系极重。

她沿运河归来。由大运河转入上塘河，在临平停留。

赵构一直在做着迎接韦太后的准备工作。绍兴六年（1136）把临平的妙华庵改为龙兴寺，确定了韦太后南归的日子，太后先在龙兴寺暂时休息，为了这小小的休憩，将寺扩建成前后两重，并加强了安保措施。

韦太后先是看到龙兴寺高高的围墙。

进了头山门为关帝殿，且拜过。绕过关帝殿，又见二山门，占地两倍于前殿，中座释迦牟尼佛，再拜过。

这种前观后寺、道佛一家的独特情景,当地人称为"寺里藏寺"。

寺里藏寺,一来为着安全,二来也因着韦太后好佛又好道。

临平有三绝,寺里藏寺,桥墩复桥,河底通河。

桥墩复桥指桂芳桥,原名东茆桥,横跨临平上塘河。南宋时,临平人徐宣与二弟徐寅、三弟徐垓同为太学生,他们联合同学数十人联名上书揭露贾似道误国殃民。后来,三兄弟应试同登进士榜,三弟徐垓高居榜首,时称一门三秀,为纪念这件盛事,改桥名桂芳桥。

桂芳桥结构特殊,北岸原有东西向的一座桥,桥下有闸启闭,用于泄上塘河之水。宋时东大街为集镇中心,为往来便利,又建南北向桥。水闸淤塞后,遂将桥墩筑于东西向桥上,故有"桥墩复桥"之称。

河底通河是临平又一绝。就是石笕。石笕意为用鏊石砌成的通水管道,因埋设于上塘河下,俗称河底河。传说石笕是因为上塘河北岸广严寺的和尚不允许河南岸明因寺尼姑将污水排入上塘河而由明因寺修建的,当然这只是八卦。实际上"河底河"是临平古代一项极有价值的水利工程。

临平的石笕始建年代无考,最早见于明末清初沈谦的《临平记》:"宁宗皇帝庆元元年冬十一月重修临平石笕。"

石笕有 800 年以上的历史。当时,临平南面有一条曹家渠,灌溉今翁梅一带近千亩良田,因常遭水灾,故在上塘河底用礐石砌一条暗渠，南接曹家渠，北接一条小河，沿龙皇塘路，向东至朝阳西路，再到北大街向北折入禾丰港将水泄至下塘河。同时，在筦之南建石闸。

明崇祯十四年（1641），临平大旱，因闸门偏高水不能外泄，于是凿石筦以泄水，使下河千亩良田得救。在修复石筦的过程中遇到了难题，多方弥缝后还是漏水。一个名叫陶子昂的人建议"截运河两岸水戽干，以猪肝杂石灰捣烂合缝，不半月如故，至今尤坚矣"。

那时候还顾不上临平三绝。

有为青年赵构一退再退

韦太后在金国的经历有多不堪,她就能想到她的儿子赵构有多狼狈。

二十一岁在南京应天府(今河南商丘)登上皇位的赵构一直在逃亡。向南向南,一直向南。

为躲避金人追捕,宋高宗赵构甚至逃到了海上。

金朝下令,搜山检海捉赵构。

看看皇帝的逃亡路线。建炎元年(1127),南逃扬州。建炎三年(1129)金人追至扬州,赵构经镇江至杭州,其间发生苗刘兵变,赵构致书金人表示愿意削去宋朝国号称臣,金人拒绝并再次南进。有时候,投降也是要有资格的。高宗则继续南逃,到越州、明州,再到定海,直至乘船逃入大海。金人够执着,入海追击,遇大风雨且金军不擅水战,最后只得作罢。

赵构逃到杭州时,就有定都杭州的念想了吧。想把皇城建在西溪来着,并且说了句:西溪且留下。

南宋皇城后来建在了凤凰山麓。

"留下"于是成了一个美好的地名。

说的是西溪且留下。这个落难的王朝,在江南和海上辗转日久,最终定都杭州。

过程复杂,结局也不出人意料。

曾经的赵构,也是大好青年一枚。出生时也有异象,据说是红光满屋。童年时又聪明又勤奋,过目成诵,还写得一手好字。

靖康元年(1126)春天,金人第一次包围东京即开封时,令宋朝派人去军中议和。赵构不畏生死,自请前去。宋钦宗命少宰张邦昌为计议使,与赵构同去金营。金军元帅完颜宗望扣留了赵构。其间宋军夜袭金人营垒,金人责备宋朝使臣,张邦昌吓得伏地痛哭,而赵构不卑不亢,有理有节,以至完颜宗望怀疑他是个假皇子,要求换人。

宋朝廷更换五皇子肃王赵枢为人质,赵构得以回朝。

当年冬天,金兵再次南侵,赵构再次奉命出使金营,在河北磁州被守臣宗泽劝阻留下。

这一次留下,看,这是他的第一次留下,此后,他会面临各种留下。

赵构是唯一没被金人俘虏的皇子,并且登基成为皇帝,即宋高宗。

父兄被掳后,赵构再没有触碰金军的锋芒,转而奔

西溪且留下

走各地，一直在逃。

从没有哪一个皇帝如此惶惶不安。

留下？留下。

南宋在建炎元年（1127）即建立，但定都杭州要到绍兴八年（1138）。

中间固然有动荡的原因，但更多的是皇帝和朝臣、主战派与主和派之间的拉锯战。

我们来看看定都杭州的艰难过程。

金军攻陷汴京即今开封，二帝北狩，北宋亡。南宋政权在南京应天府即今河南商丘建立，王朝在商丘仅待了五个月就开始了南迁。后来的两三年里，先后建行都于扬州、建康、杭州、越州等地。长则一年，短则百日。流亡途中，建都的事一直都在讨论，毕竟一个王朝没有首都总归说不过去。

最后的焦点集中在建康和杭州。

建炎年间，皇上和朝臣们就这件事开过三次大的会议。

第一次会议在南宋政权建立之初就开始了。大臣们有的主张"并建三都"，就是设三个首都，为的是方便抗金。有的主张回旧都汴京。有的主张迁都建康（今南京）。主张迁都建康的朝臣占上风。建康是六朝古都、东南要地，并且经济基础雄厚；更重要的是有长江天险，便于军事防守。

很快，建康的优势便被打破了。因为金军从北到南快速移动。建炎三年（1129）二月，赵构在逃亡过程中意识到建康离前线太近，实在不利于逃亡。于是在镇江又开了一次会议商讨迁都事宜。基于对宋金实力的认知，也实在是害怕，他觉得建康即便有长江天险也不见得能挡住金兵的铁骑。于是提出："姑留此，或径趋浙中邪？"尤其有大臣提出：请幸杭州。此议正合赵构心意，甚至可以说是迫不及待。

南宋君臣很快来到杭州，并且改州治为行在所。苗刘兵变之时，宋高宗被迫逊位于皇子魏国公，请隆祐太后垂帘听政。这是一个短暂事件，很快赵构就复位了。这时，赵构做出抗金姿态再次来到建康。然而，建康四面楚歌，已然待不下去。这时，定都再次提上议事日程。最后在南京和杭州之间，二选一。

当然，最终做决定的还是赵构自己。金兵紧追不舍。直至金人引兵而去，公元 1131 年，南宋政权北返越州，升越州为绍兴府作为行都，并改年号为绍兴。在绍兴只待了一年多，又以漕运不继，迁临安府。

如你所知，最后是，杭州（临安）完胜。绍兴八年（1138），终于正式定都临安府。

公元 1140 年，金兵又一次大举南侵，在对宋战争中连遭失败。

宋高宗真的是一心求和，许是流亡生涯让他生厌，许是金人真的让他吓破了胆，许是他只想读书写字。他曾经也是上得了马、开得了弓、杀得了人的皇帝。许是怕二帝归来，他做不成皇帝？偏偏他是盛年禅位给养子的人，乐得做了二十多年太上皇。不像恋栈的人。

在抗金形势一片大好的情况下，命令各路军队班师，并在一天内连下十二道金牌逼令岳飞退兵。

然而，和谈是打出来的，其间双方各有胜负，形成对峙。

尤其是让金人闻风丧胆的岳飞。

绍兴十一年（1141）十一月，南宋与金国达成"绍兴和议"。

核心内容是：一、杀岳飞；二、南宋称臣；三、对金纳贡；四、金人放回赵构生母韦氏本人，并送还生父徽宗灵柩；五、两国以淮水至大散关为界，换回淮河以南半壁江山统治权。

靖康耻，犹未雪。臣子恨，何时灭。

赵家最终杀了那个为他们打出和谈条件的人。

绍兴十一年除夕的前一天，岳飞及其子岳云以"莫须有"的罪名被杀。

后来，杭州有了岳王庙。青山有幸埋忠骨。

奉迎韦太后还朝后，赵构又穿着缌服来到临平，奉迎宋徽宗赵佶和郑皇后、赵构妻子邢皇后棺木。这些棺木先是在临安行宫南门外的龙德别宫放了两个月，再归葬绍兴攒宫上皋山，建永固陵。其实徽宗棺中并无尸骨，据说只是一段朽木。

活着的人和棺木都沿大运河而来。

水把他们送来。

他当然知道她。

被鼓励的女孩有多危险

和韦氏同时代的另一位女性也在逃难。辗转流离,来到杭州。

她就是李清照。

瞧,女人也是可以有自己名字的。

她的流亡路线几乎是追着宋高宗的,或者说是随着皇室脚步的。

当初,李清照也带着她所剩不多的收藏沿运河而来,她也在临平歇了歇。然后进入临安,并且在此终老。

李清照流寓杭州,做了几件硬核的事情。其中一件,是宋高宗介入了的,不知道他在决断当中是否想到,这是一位和他母亲韦太后年龄相近的女性。

在韦氏流亡金国受尽屈辱时,另一位女性也在逃亡。不过,她不是自己逃亡,她带着大批金石书画,相当于背负国家的文化在逃亡。而那些文化的承载物,在更多人看来是钱财。被觊觎,被夺取,被偷盗,被焚毁。而她,

崔错画笔下的李清照

基于证明丈夫清白也好，卸下个人负载也好，要把自己的收藏献给国家。可是，当时，国不是国，家不是家。她捐献的结果是，最终，那些文物中的文物，文化中的文化，不知所终。

从小，她就是受到鼓励的女孩。这种鼓励是她以后面对生活和变故的勇气。

被鼓励的女孩知道自己是谁，要什么，取什么，弃什么。

李清照出身书香之家，父亲李格非是苏轼的弟子，在《宋史》里有传，母亲亦善文。《宋史·李格非传》中特别提到李清照，说她"诗文尤有称于时"。

《金石录后序》里有记："至靖康丙午岁，侯守淄川，闻金寇犯京师，四顾茫然，盈箱溢箧，且恋恋，且怅怅，知其必不为己物矣。"

国难面前，如何处理这些年来她和丈夫耗尽心血收藏的文物，她清楚地知道，物在眼前却也不再属于自己。这是人和物的命运。所有的物，都是过手。

还是做了决定，带着。

那些藏品里，有根，有血脉，有来历，有故事。

她带着这些文化的承载物流离。而她，就是最美好的文化。人类多么幸运，这位美好的女性历经流离，身处各种险地，最终，她来到了杭州。

在杭州，李清照做了几件大事。

一是再婚又休夫，打了一场硬核官司。

明确休夫的古代名女人，李清照大概是第一人。并且有智慧、有方法、有手段。对黑暗不姑息、不将就、不妥协。哪怕身败名裂。

是的，生命中的又一重变故在等着她。那就是再嫁张汝舟，婚姻只有短短三个月。

只因为恋那一点乱世里的暖。最初，他也是嘘寒问暖的，他也是甜言蜜语的，他也是通过媒人递了婚书的，包括弟弟李远，这个温和的家伙也是能接受的。

变脸也是快的。原来你不是那么有钱啊，文物也没想象中多啊，你也不是词中表现出来的柔情百转，或者你的柔情百转都给了那个死去的人了吧，你居然，眉目言语都是嫌恶。我也可以对你饱以老拳。

贪，羞，怒。应该是张汝舟的情绪三部曲。

当她发现这个人不过是觊觎她的文物，并且品行恶劣还家暴，就坚决离婚。古代的女子，离婚不是轻易的事。为了摆脱泥淖，她采取了激烈的方式，检举张汝舟当初科考作弊。

宋代有一条奇葩法律，妻子告丈夫，即使丈夫真有罪，妻子也得坐牢。李清照不可能不知道这条法律，但她仍然这样做了。

事情惊动了宋高宗，经调查，张汝舟科考作弊是真，并最终发配柳州。

李清照坐牢九天后也就出狱了。

李清照改嫁和闪离事件迅速成为南宋朝野的头条新闻，似乎谁都可以耻笑她。那些欣赏她才情的所谓名流，要么耻笑她，要么替她掩盖说她不曾再嫁。倒是她自己坦荡，在给友人綦崇礼的信中，说了事情的经过。

"视听才分，实难共处，忍以桑榆之晚节，配兹驵侩之下才。"（《投内翰綦公崇礼启》）她对所有的嘲笑都有认知，但她还是义无反顾地做了。

那些嘲笑她的人说她晚节流荡，无非是针对道德贞节一类他们自己本身也做不到的。

如同时人反复以各种方式影射韦氏在金国的经历。爱她的人能做的也只是掩饰。甚至，她自己还杀了公主来掩盖事实。终究是不能面对自己。

人心真是个奇怪的东西。平白受尽屈辱不是可同情的吗？历尽艰险求得生存不是可尊敬的吗？为什么她们被淹没在嘲笑里？

二是李清照完成了《金石录》，对亡夫、对那些心摹手追的文物有一个交待，并且以智慧的方式洗清了赵明诚给金人献玉壶的传言。

在《金石录后序》里，李清照对诬陷赵明诚送金人玉壶的事情有明确交待。赵明诚在建康重病时，一个叫张飞卿的学士来探望，随身带了把玉壶要赵明诚鉴别。壶不是玉制，是一种叫珉的石头，至于石壶最终到了什么地方，也不是我能左右的。

三是继续收藏，继续写诗填词。词别是一家，词是她的日常生活。

绍兴二十年（1150），六十七岁的李清照两次去拜访了一个人——书法家米芾的公子米友仁，请米友仁给她的藏品——米芾的两幅字帖题跋。其时，米友仁也已七十七岁。小米看到老米的字帖非常激动。

米芾写字乘兴而为，有兴致时多写一些，没兴致时什么也不写。所以米芾流传下来的作品并不多。经历大离乱，从北宋到南宋，看到父亲的字帖分外亲切，在《寿时宰词帖》上，小米郑重写道：

"先子真迹也。"老父亲写的，没错。

接着又题："今之数句，可比黄金千两耳，呵呵。"

这可不是开玩笑，米芾活着的时候就字值千金了。

后人根据这件事推断李清照的生年，至少在这个时间，她是活着的，甚至是活跃的。

四是继续关注时事。在韩肖胄和胡松年请命出使金国时写诗送行。

当时出使金国是高危行为，回不回得来未必。韩肖胄在出使金国前，向宋高宗辞行说，如果金国有异动，要主动出兵，不要考虑我们的安危。而韩肖胄的母亲跟韩肖胄说，你们只管出使金国，不要考虑我的安危。堪比岳母和岳飞。李清照写长诗《上枢密韩肖胄诗》，称赞韩、胡二人的义举。

她在晚年时也没浪费自己的才华。诗还是要写的，词还是要作的，书画还是要收藏的，时局还是要关心的，英雄也是要歌颂的。

往事怕再提。

她在白堤散步的时候，会不会想起当初赵明诚在山东乡下得了白居易手抄的《楞严经》，几乎是快马加鞭赶回家，夫妻煮了上好团茶欣赏描摹，不肯睡去。

苏堤上走走，说来父亲还是苏东坡的学生呢。

然而，她竟然对西湖没留下只言片语。

"落日熔金，暮云合璧，人在何处？"

真是恍惚啊。她身在杭州，却突然不知道这是哪里了。

她想把平生所学传给一个看上去伶俐的孙姓十几岁小女孩，小女孩却说词藻非女子事也，就是说女子无才便是德。真是让人喷一口老血。

这件事和陆游有点关系。很多年后，陆为当初的小女孩写墓志铭："夫人幼有淑质。故赵建康明诚之配李氏，以文辞名家，欲以其学传夫人。时夫人始十余岁，谢不可，曰：才藻非女子事也。"

"生当作人杰，死亦为鬼雄。至今思项羽，不肯过江东。"她就是要以心抗世，以笔唤天。

北望里，她也知道，家乡回不去了。

她应该是在杭州故去的，推测是在 1155 年。

她收留那些刻骨的文化，水收留她。

最终，她归于这片水的土地。

最终，大家在杭州停留了 138 年。比金国的立国时间长，那个给了宋朝最大羞辱的女真人建立的王朝——金国存在了 119 年。

杭州好生奇怪。她习惯性收留失意乃至落难的人。从白居易，到苏东坡，甚至一整个王朝。他们都爱她。白居易离开杭州，带走一块湖石和一只鹤都觉得不好意思，苏东坡学白居易带走一块湖石，也觉得不好意思。

甚至，元灭南宋后，也不忍毁灭这座天城。——以致马可·波罗来到杭州后，看到的依旧是无与伦比的繁华。

在迎归韦太后 68 年前的 1074 年，有一场悄无声息的送别。

苏轼任杭州通判的第二年，即宋神宗熙宁五年（1072），陈襄（字述古）接替前任杭州知州沈立之职，熙宁七年（1074），陈襄移任南都（今河南商丘南），当时苏轼追送陈襄至临平。归来作《南乡子·送述古》词：

> 回首乱山横。不见居人只见城。谁似临平山上塔，亭亭。迎客西来送客行。　归路晚风清。一枕初寒梦不成。今夜残灯斜照处，荧荧。秋雨晴时泪不晴。

苏轼迎送好友应该曾多次往来临平。当时临平山上有临平塔，是送别的标志。

20 世纪 30 年代的上塘河

看得出来，苏轼是真难过。

为什么会反复去临平呢？因为临平的地理位置，也因为一条河——上塘河。

你能想象到的人，只要来过杭州，他就可能走过上塘河。

比如李白，比如白居易，比如成寻，比如苏东坡，比如王安石，比如李清照，比如马可·波罗。

公元 739 年，李白沿上塘河来杭州，和杭州刺史李良同游，写诗"览云测变化，弄水穷清幽"。若干年后，李白再次沿上塘河来杭州，从夏天一直待到秋天，写诗"好风吹落日，流水引长吟"。

上塘河又名上塘运河，是杭州最古老的运河，杭州境内28公里。因为是秦始皇开的，老百姓直接喊它秦河。

如果石头有记忆。

他把佛从石头里请了出来

许多事情的见证者也许并不是人类,比如见证杭州从水中成形的也许是一块石头,而见证杭州最古老人工河流物语的是一棵樟树。

话说2200多年前一个冬天的某个黄昏,一支悬黑旗、挂白帆的船队来到宝石山下,主角是统一了天下的秦始皇,始皇帝准备过钱塘江去会稽祭祀大禹。

这是一次盛大的出巡,随从中有丞相李斯,中车府令赵高,以及始皇帝宠爱的小儿子胡亥。

然而,江水滔滔,风急浪高,庞大的船队被迫停留。始皇帝的船系缆于临江一块悬崖巨石下。

阴郁的始皇帝下得船来,暗夜里,他恨恨地对着钱塘江说:水波恶。

秦统一六国后设立钱唐县,所谓山中小县,隶属会稽郡。

水才不在乎你是谁。

给了杭州名分的始皇帝第一次感到无可奈何，只好一路往西绕行 120 里，在富春江一个叫窄溪的地方，最终过了江。窄溪埠——秦皇渡。

那块帮着始皇帝系船的大石头也在暗夜中轻轻叹口气，它也只能帮他到这里，它日日面对江水，自然知道江水的厉害。

秦始皇从云梦浮长江而下，过丹阳，至钱唐，临浙江，走的是陵水道。

陵水道是秦国征服楚国后在长江南翼构筑的运河水渠，沟通太湖流域与钱塘江。北起由拳即今天的嘉兴，南接钱唐即今天的杭州。

〔宋〕李唐《待渡图》

运河是人工水道，唐以前多称为沟、渎、渠，宋代才称运河。比如邗沟，比如百尺渎，比如郑国渠。

秦始皇开的陵水道有些特别，可以水陆并行，开挖水道并且营造陆路，水道的堤防同时作为道路路基，再适当加高。建造时专门从会稽调用守边的士兵，由此可见其属于大型的国家工程。

陵水道是江南运河的前身，也即后来的上塘河。

隋朝对杭州很重要，隋朝开皇九年（589）废钱唐郡置杭州。

注意！此为杭州城市名字之始。州治初设余杭县，再迁"新城戍"，终定于柳浦西。隋朝大业六年（610），隋炀帝"敕穿江南河，自京口至余杭八百余里，广十余丈"。大运河始贯通，杭城北段沿用上塘河故道，杭城段则疏凿了一条新航道，从宝石山东麓抵吴山东麓的南北向直线以后的清湖河。清湖河筑成的河堤成为西湖的防海潮大堤，在加速西湖形成的同时，大堤促使杭城南北分隔的宝石山东麓聚落与吴山东南麓聚落逐渐相连，杭州城区逐渐扩大，向北拓展。而柳浦作为州治所在，也是运河与钱塘江出海口沟通地，船货往来频繁，城市的南端率先繁华起来。

隋唐及前朝是运河与城市的初生期，运河河道与杭州城市的建置几经变迁。也是在这一时期，运河与钱塘江互相连通，形成了海上航运与内河航运的转换枢纽。

上塘河在唐代称夹塘河，贞观八年（634）于海宁筑长安坝，而成上河，其源出西湖，亦为西湖泄水之道。南宋《淳祐临安志》称上塘河为"大运河"。注意！这是我国古代文献中首次出现"大运河"概念。

南宋定都临安（杭州）后，公家漕粮，源源北运，私行商旅，往来不绝。

上塘河作为大运河主航道，一直使用到元末张士诚开挖江涨桥至武林头的下塘河，也就是现在的大运河主线。明洪武年间筑德胜坝，其南始称上塘河。

上塘河退身江南运河支流后，其黄金水道的价值不再，不过，小船只去海宁或者继续北上，大多还是走上塘河。上塘河和京杭运河之间的水位落差有两三米，往来船只通过要靠人拉。两岸安装有人力绞车，用粗麻绳拴住船头，两边各6—10人，用力旋转绞车，将船只硬生生拖过坝。

如果在清代，还能看到欢喜永宁桥。桥上有八根望柱，每个柱头都有只石狮子，桥心龙门石雕刻有仰荷状图案，桥下有松木搭起的宽一米的古纤道。欢喜永宁桥意味着"此别之后，再见之时，阖家欢喜怡宁"。

文人墨客还搞出个上塘八景：十里桃花，古松老桥，双桥桃虹，坝忆今昔，半山依君，百里纤塘，赤岸神木，丁兰情结。

上塘河在唐诗里是这样的：

> 三月平湖草欲齐，绿杨分影入长堤。
> 田家起处乌龙吠，酒客醒时谢豹啼。
> 山槛正当莲叶渚，水塍新筑稻秧畦。
> 人间漫说多歧路，咫尺神仙路欲迷。

上塘河在宋诗里是这样的：

烟雨桃花夹岸栽，低低浑欲傍船来。
石湖有此红千叶，前日春寒总未开。

上塘河在出家人眼里是这样的：

风蒲猎猎弄轻柔，欲立蜻蜓不自由。
五月临平山下路，藕花无数满汀洲。

陆游在临平经了一场黄昏雨，沿上塘河进入大运河任官去了，他还会沿上塘河归来。

"公卿有党排宗泽，帷幄无人用岳飞。"而，岳飞也曾沿着上塘河来来往往，北上抗金，南下汇报工作，直至死。

一年端午，杨万里过临平，写了四首诗。杨万里爱莲，这次写的诗也和莲有关。尤其有一句："荷花世界柳丝乡。"

而范成大写了上塘河沿岸的桃花。就是那个归纳了"天上天堂，地下苏杭"的范成大。

绍兴十二年（1142）八月，靖康之乱中被掳的高宗生母韦氏自金南归，礼部征集庆贺文赋。几千人争相献赋，十七岁的少年范成大凭借"文理可采者"脱颖而出，并奉诏赴南宫礼部参与"奏赋"活动。

范成大的名字听着老成，其实是帅哥一枚，少华艳发，吐纳风流。

风光的日子一闪而过，十个月后，范成大的父亲去世，母亲也已过世，范成大承担起抚养弟弟妹妹的重任，隐居起来，养家读书。

绍兴二十四年（1154），二十九岁的范成大考中进士，从此开启了官场生涯。

顺便说一句，帅哥范成大也是硬人一枚，怒怼金主完颜雍，力争国权，差点被金国的太子所杀，终不辱使命。当时金国负责迎接范成大的使者仰慕其名声，效仿他在头上戴巾帻以示崇敬。

还有一个人——尤袤，他也应该写过临平的，可惜他的诗和藏书毁于一场火灾。"中兴以来，言诗者必曰尤、杨、范、陆"，尤指尤袤。

杨万里任过金国贺正旦使的接伴使。范成大出使过金国且不辱使命，而尤袤守过泰州。泰州多难守你知道吗？宋金以秦岭淮河分界，泰州紧临淮河，每次金人南侵，此处必遭涂炭。尤袤就是把泰州守住了。陆游有《示儿》诗："王师北定中原日，家祭无忘告乃翁。"四人称"南宋中兴诗人"，都是世家子，都主张抗金，都长得不难看，都曾反复经过临平。

尤袤的诗作虽然毁于大火，但我们常常说他作品中的一个词——闲云野鹤。他在《全唐诗话》中说："州亦难添，诗亦难改，然闲云孤鹤，何天而不可飞。"

上塘河蜿蜒在杭州北以北，蜿蜒在时空里，蜿蜒在诗词曲赋里。

那块石头被称作秦皇缆船石。

宝石流霞

一块石头怎么可能被形物所拘。

时间到了北宋。僧人日日对着秦始皇缆船石发呆，那块巨大的石头时时显现一尊大佛亲切的笑容。

他要把大佛从石头里请出来。那是弥陀佛半身像，看见这尊大佛的人也不由得笑了。

僧人是思净。思净还是喻姓人家的小孩时，天生吃素，喜欢画画。画画专画阿弥陀佛，人称"喻弥陀"。

一天，喻姓小孩游宝石山时，看见巨大的秦始皇缆船石，便发愿：异日出家，当镌此石为佛。

喻姓小孩应该是实现了他的心愿。

事情的真相藏在一幅画里。

弥勒佛清晰地坐在南宋的《西湖清趣图》中。《西湖清趣图》为纸本长卷，水墨设色，现藏于美国弗利尔美术馆，谁画的，不清楚。

南宋甄龙友见到这尊佛像时说："色如黄金，面如满月。尽大地人，只见一橛。"

后来佛消失了，又出现了，又消失了，大石头从此隐匿于文字中。

见证杭州一步步成为美丽华贵之天城的这块石头依然在宝石山间：隐约一尊半身石佛像，通体布满方形榫眼，三分之二为佛头，三分之一为佛肩。佛像与身后的岩石浑然一体。

当初为了给佛像遮风挡雨，建了大殿，大殿宇采用敞开式大壶门。

怎么消解曾经被追杀、被猎捕、被流亡的往事？如果你曾经在南宋泛舟西湖，自然是一回头就能看见的让人心安的大佛。

一条人工河流的口述史。

中河、东河生命中的良人和渣

水盆腿坐着 HANG ZHOU

嗨，大家好。我是中河，一条河流，我在杭州。

这是我的妹妹，东河。

来，妹妹，和大家打个招呼。不好意思，我妹妹比较害羞。

我和妹妹当下的日常生活就是展示美，展示杭州，展示江南。

我知道，人们对我和我的妹妹比较好奇。作为河流，我们不是自然的河流。听说别的河流都是产生在大自然中的，大多有个源头，那个源头多数时候是高山，山间的涓涓细流汇集成溪，一路接纳别的水，欢快地手牵手奔向大海——比如钱塘江。

我和妹妹东河都是人工制造的河流。

我们对于远方的认识来自另一条更大的人工河流——大运河。那条河流几乎能带来世间所有的消息。

从前，我和妹妹的任务就是把大运河和钱塘江连起来，大运河和钱塘江有什么消息要沟通，大运河和钱塘江有什么货物要交接，大运河和钱塘江有什么人要见面，我们相当于使者。

如果一定要有个生日，那我算是生在隋朝。

隋文帝是我生命里第一个重要的人。从某种程度上说，是他间接导致了我的出生。

隋统一中国后废郡置州，钱唐郡改成了杭州。隋开皇十一年（591），隋朝大臣杨素始建杭州城。

那么，杨素就是我生命里第二个重要的人。而我，毕竟是随杭州出生的。

隋朝的大运河奔袭千里来到杭州，再有七公里，大运河就实现了和钱塘江的握手。

问题在于，杭州地势南高北低落差大，钱塘江水位高出大运河2米左右，潮水来时高出6米。也就是说，大运河的船驶不进钱塘江。

怎么办？开河道。

隋朝于是在城东、城南开河，最初我是作为护城河出现的。今天杭州中河北段的龙山河就是我最早的身段，经柳浦至白塔岭附近。我很快就承担了使命，当时来往于钱塘江和大运河的船只通过我绕杭州城而过。

隋朝一闪而过。

我生命里第三个重要的人出现了——崔彦曾。

大家都知道，钱塘江爱捣乱，自然的河流都比较自我，不太顾及人类的感受。钱塘江那个潮是很厉害的，动不动就要冲到城里来。

唐咸通年间，一个叫崔彦曾的人任杭州刺史，他不能容忍钱塘江这种行为，于是开挖三沙河应对钱塘江，当时称外沙、里沙、中沙。里沙就是我。

讲真，我们三沙河还是抵挡了钱塘江大潮的，一想到杭州的安全要靠我们三沙河来承担，我还是蛮开心的。

崔彦曾可能想不到，他其实创造了一种唐朝方法，南北挖沙河成为惯例，挖一条沙河，市区就向东扩一点。于是出现一个有趣的状况，杭州河道多南北走向。

时间来到五代吴越国，我生命中第四个重要的人出现了——钱镠。

钱镠在我的身段——中河北段与大运河的交汇处修了一处叫清河的堰坝。

同时，钱镠在我的另一身段——龙山河入江口设两闸，靠江的称浙江闸，靠山的称龙山闸，龙山是玉皇山的古名。龙山闸和浙江闸如同复式船闸，钱江潮汛来时开启龙山闸关闭浙江闸，放潮水入龙山河。潮汛过后，关闭龙山闸，等潮水中的泥沙沉淀下来后，再打开浙江闸，让潮水流入中河北段。

不得不说，复闸结构是钱镠治水的一个奇思妙想。后人不断重复这种奇思妙想。

龙山闸和浙江闸的设置减轻了泥沙在我的身段——中河北段的淤积，方便船只行走。这样一来，船开心，人开心，我也开心。

钱镠还扩建了杭州城，我原来是护城河，现在我进城了，被圈至城内。很不好意思，人类说我成了沟通杭州南北的水上交通大动脉。

钱塘江还是不时来捣乱，江潮时时侵袭杭州城。钱镠组织20万人在白塔到艮山门之间修了一条捍海石塘。同时在石塘西部开挖了一条平行于石塘的护城河，这条河就是我妹妹东河，不过，当时我妹妹叫茅山河。

中河，东河。

从此，杭州城的河流姐妹花出现了。

我们的名字自己做不了主，人类在不同时期会给我们不同的命名。不过无所谓，我们是水，自由的水。

我妹妹茅山河一路向北流入大运河，我在今天的河坊街附近伸出支流东拐和妹妹茅山河汇合。

谢谢这条小支流，让我和妹妹能牵手。

眼见得杭州步步繁华。我和妹妹要做的事情有点多，要疏散海潮，要化淤去积，要沟通钱塘江与大运河。人类的词就是多，他们说中河是杭州交通的动脉，我妹妹东河是杭州交通的静脉。

时间走到了北宋。

我生命中第五个重要的人出现了——王钦若。

我被称为盐桥河确实和盐有关。宋时我流经杭州最大的食盐贸易市场,河上有桥,桥以盐闻名,河以桥得名。

据说我是北宋杭州市内最繁忙、最长的河流,来自婺州、湖州的江船和来自东面的海船,都要借道龙山闸经由我的身段(盐桥河)进入京杭大运河。彼时的钱塘江水位低于我的另一身段龙山河,钱塘江上的船只进入龙山河,要等江面涨潮与河面齐平方可打开龙山闸,龙山河里的船只先出龙山闸入钱塘江,而后钱塘江上的船只过龙山闸入龙山河。

北宋王钦若任杭州知州,认为钱镠修筑的清河堰阻塞舟船往来,于是毁了清河堰。问题是龙山闸和浙江闸也已经损坏,钱江潮水奔袭而来直接入城,大量泥沙在

龙山闸

我的身段淤积下来。两岸居民也乘机霸占我,要么开田,要么建房。地方官的工作也很不给力,淤泥就堆积在河边,暴雨一来,泥土被冲入河道,我变得越来越笨重。后果就是舟船进出困难,城外的商品无法运到城内,导致物价飞涨。

我妹妹茅山河也面临同样的问题。我们眼睁睁看着对方无法呼吸却无能为力。好在我妹妹茅山河是护城河,两岸人烟稀少,淤塞就淤塞吧,对百姓的生活影响不大。

那个能让我呼吸顺畅的人出现了——苏东坡。

苏东坡两次任职杭州,重点梳理我们姐妹花的关系,清理堆积在我和妹妹身上的淤泥。同时,苏东坡重修龙山闸并疏浚西湖。在我与妹妹的交汇处——铃辖司前置一闸,每遇潮上,则暂闭此闸,令龙山、浙江潮水直接从我妹妹的河段出,等一两个时辰,潮平水清,然后开闸,清水经我的身段进入杭州城。这么说吧,就是通过水闸,让水在我妹妹茅山河处澄清一下,然后再进城。相当于我妹妹帮我承担了大部分淤泥。

是不是很眼熟?如同写诗填词化用别人的句子,这个法子分明是化用钱镠的方法。

疏浚之后的我和西湖有了关系,西湖成了我在钱塘江之外又一处水源。

另外,我发现苏东坡并不总是好说话的人。他作为执政官员,有菩萨心肠,也有霹雳手段。居民侵占河道?罚钱。罚金用来请人疏浚河道。

宋高宗什么时候看上秦桧府第的,不得而知。秦桧死后七年，他的宅子被老领导赵构扩建成了德寿宫。不知道那是觊觎、夺取，还是怀念。

总之，我生命中第七个重要的人出现了——赵构。

人心不可想象。

绍兴三十二年（1162），宋高宗过起了退而不休的太上皇生涯，并在我和妹妹连通处填河建造德寿宫。德寿宫这一建不要紧，生生制造了我和妹妹的分手，我妹妹成了一条断头河。

从此，大运河与钱塘江的一个通道隐秘消失在一个退位皇帝手中。

宋高宗的行为绝对开了一个坏头，沿河百姓跟风填河。

20 世纪 80 年代以前的漫长时间里，杭州的江河——钱塘江和京杭大运河并不直接相通，是我们姐妹俩——中河和东河，把它们联系起来。

我们平行贯穿杭州市区南北，时间日久，作为姐妹花，杭州人习惯把我们叫在一起——中东河。

南宋在凤凰山一代建皇宫，担心穿越皇宫的我的另一身段龙山河威胁大内安全，就关闭了龙山闸，禁止龙山河通航。到了南宋末年，龙山河淤塞严重，想行船也不可能了。由于龙山闸关闭，西湖成为我当时的唯一水源。

我妹妹东河在南宋叫菜市河。

南宋的政府部门、官员府邸、寺庙园林、勾栏瓦肆、酒楼民居,只要有机会站在我的两岸,时人决不放过机会。

烟柳画桥,风帘翠幕。可以说,我就是南宋,我就是江南。

南宋在妹妹菜市河与大运河交汇处建立了土坝,坝边建桥,取名坝子桥。

南宋一边惶惶不可终日,一边又是一个生活化的王朝。可能也是我确实太重要了,这个王朝派出军队对我进行日常管理。为了调动士兵的积极性,从我周边发现的财物,四成归士兵所有。财物散尽,有人落水,在一条看尽世间繁华的都市河流来说,并不稀奇。讲真,我最讨厌脏。南宋这一点好,禁止居民随意往我身上倒垃圾。并且在我的两岸装了防护栏,以防有人落水。这下我就省心了,要不看着落水者,我总是心惊肉跳。

时间游走到了元代。

我生命中第八个重要的人出现了——史裴坚。

元代龙山河禁航被废除,不过此时的龙山河道已被填埋,并且被民居覆盖。茫茫渺渺,人们不记得脚下曾是一条河流。浙江官员史裴坚走访调查发现江岸原有南北古河一道,建议重新开挖龙山河。

仅仅用了42天,史裴坚就疏浚了龙山河,并在龙山河建造龙山复闸,由上下两道闸门组成。上闸位于龙山河钱塘江交汇处,钱塘江携带泥沙由上闸入龙山河,故又称浑水闸。下闸在龙山河上,钱塘江水过上闸澄清之后才开启下闸入龙山河,因此下闸也叫作清水闸。钱塘江船只从浑水闸进入，而后关闭浑水闸，等泥沙沉淀之后再开启清水闸直上龙山河。来自杭州市内的船只则先过清水闸，再经浑水闸入钱塘江。经过浚治，船只又可以从钱塘江驶往大运河了。

史裴坚也化用了钱镠在杭州治水的奇思妙想。

世道又乱了。

我生命中第九个重要的人出现了——张士诚。

元末群雄纷争，张士诚扩建杭州城垣，把原来作为护城河的我妹妹菜市河扩入市区，把城墙向东延伸到贴沙河边，贴沙河成了护城河。同时，张士诚在我的身段中河之上建凤山水门。

其实，直到张士诚时代，我妹妹菜市河才真正成为杭州市内沟通南北的水上交通要道。

改朝换代带给我一些困扰。

我生命中第十个重要的人出现了——朱棣。

明初龙山闸残破不堪，龙山河成为废河。参政徐本、都指挥使徐司马以河道窄隘，军舰高大，难于出江为由，"拓广一十丈，浚深二尺，仍置闸限潮，舟楫出江为始便"。

明成祖朱棣迁都北京后，北京的物资供应依赖江南，朝廷对我和妹妹采取常态化管理，我和妹妹继续我们的使命，杭州繁华依旧。

明嘉靖年间，频发的钱江潮汛使龙山河再度淤塞，并且龙山河水位还高出钱塘江水位。明政府拆除龙山闸，修建土坝。一方面，阻止龙山河水流入钱塘江；另一方面，钱塘江的泥沙也不能进入龙山河。

从此，钱塘江船只进入龙山河均须翻坝。

明朝中期，朝鲜人崔溥在杭州住了七天，后经坝子桥入京杭大运河回朝鲜。他在《漂海录》一书描述坝子桥的土坝边"商舶俱会，樯竿如簇"，东运河上"画舫绋纚，不可胜数"。

东运河是我妹妹在明朝的名字。

时间走到了清朝。

清代的皇族人员特别喜欢来杭州，动不动就下江南。

我和妹妹早已见怪不怪。

我生命中的第十一个人出现了——梅启照。

先是李卫把龙山土坝改建为龙山船闸，也是李卫第一次把龙山河与盐桥河合称中河。相当于我现在的名字是李卫命名的。

在清朝，我叫中河，我妹妹叫东河。浙江巡抚梅启照开凿新横河，把我和妹妹再次连起来。新横河西起梅家桥，东至坝子桥。

我妹妹东河生命中最重要的人出现了——格罗夫斯。

格罗夫斯是英国人，他大约在 1885 年，拍了一张翻

运河翻坝旧影

坝的照片：一艘平底货船在七头水牛的猛拉下登上土坝坝顶。

运河上常见的"牛埭"在东来和西来的人眼里皆是风景。日僧成寻在日记里有提到，朝鲜人崔溥也在《漂海录》里有描述。

清末西方人慕雅德进入杭州更像是一场巨大的游戏：

船来到坝边，船夫将两根缆绳绑在船前的柱子上。多个工人转动绞盘，缆绳越来越紧，船后有数人猛推。船移动时，人们喊着号子，加快转动绞盘，齐心协力把船弄到坝顶。在坝顶，工人使劲一推，船猛地一下滑入了东河。我知道，我开始真正进入杭州城。

总结一下，我，现在的中河，是古代盐桥河、龙山河和新横河三条河段的总称。盐桥河和龙山河也被称作中河北段和南段，分界线是凤山水门。我妹妹东河在历史上有不同的名字，茅山河、菜市河、东运河都是她。

河流的日常生活在人类看来就是传奇，即使我和妹妹作为人工河流，人类一样对我们充满好奇。

多年以后，人类被东河翻坝的老照片震惊到了，于是用这张片子作为原型，创作了雕塑《运河魂》。

我和妹妹的身世，有些复杂，有些难以言说。有时我们得遇良人，有时也难免碰上"渣男"。有时被填埋，有时被开浚，有时被分开，有时被牵手。有时我们光彩照人，有时我们垃圾满身。苏子的啸歌，朝云的浅吟，过耳即好。太阳底下无新事。

关于江南，我笑而不语。

宋代"材料狗"的辽阔。

学苏东坡打报告

水盘腿坐着 HANG ZHOU

　　巢谷指着滚滚东逝的长江水对苏东坡说:"子瞻,'圣散子'可以传你,不过,来,你先对着江水发誓,不会再传别人。要知道,'圣散子',老子是连亲儿子也不会传的。"

　　巢谷是苏东坡的老乡,家传的朋友,宋版的好哥们,苏东坡的超级粉丝,是侠。

　　巢谷的一个重大爱好是搜集各种中医古方,"圣散子"就是其中之一。

　　苏东坡庄重地对着江水发了毒誓。

　　对于一个爱好恶作剧的人,对天发誓也可能会被他篡改为对灯发誓。不管怎么说,他发誓了。

　　反正他也爱捉弄老友,朋友对他又爱又恨。不只是朋友,连皇上对他也又爱又恨。

　　中国人对于秘方总是层层包裹、秘密收藏,到死前一刻把传人叫到身边拼尽力气说出机密。很有可能再喷一口老血气尽而亡，许多来不及说的秘密也就在这样的情况下灰飞烟灭。

以巢谷的为人，"圣散子"不轻传，应该另有原因。

"老子只说一遍，你可记好了。"就着江水，巢谷用他浓重的眉山口音朗声念起来：

> 厚朴，去粗皮，姜汁炙
> 白术
> 防风，去芦头
> 吴茱萸，汤洗七次
> ……

东坡是什么人？过耳一遍便已了然于胸。

况且，对于医药，他也不是小白，多才多艺的苏东坡是很懂医药的，平常有什么头疼脑热，都是自己给自己开方下药，并有《苏沈良方》一书传世。

得到"圣散子"秘方的苏东坡应该请巢谷美美地喝了一顿大酒。

不管怎么说，"圣散子"就这样到了苏东坡手里。多年来，他倒也遵守对水发的誓言。

不过，黄州闹瘟疫了，他祭出了"圣散子"，相当有效，救人无数。大疫当前，他也就顾不得当初发的毒誓了。

并且经过考察，他发现蕲水名医庞安时医术好、人品好，于是又把"圣散子"传给了庞安时。庞安时后来将药方收在医书《伤寒总病论》里，苏东坡还给写了序。

尤其写到这个药方的奇葩来历。

他突破了对水的毒誓，再次来到杭州。

在苏东坡第二次来杭州真正当上市长的时候，再一次验证了"圣散子"的治疫奇效。当时的杭州可以说是一片乱象。瘟疫流行，米价飞涨，河道堵塞，西湖差不多快被水草吃掉了，杭州市民连清洁的日常饮用水也不能保证。

大疫当前，他先是把"圣散子"药方于闹市张贴，同时着手成立了一家医院，医院名安乐坊，自己先捐了五十两黄金，财政拨款了两千缗。突发奇想让懂医术的出家人坐诊并进行日常管理，救人三千者请朝廷赐紫袍。

巢谷后来死在去海南探望苏东坡的路上。

苏东坡和弟弟中进士后，最开心的可能是宋仁宗。下朝之后，他和他的曹皇后说，我今天给子孙们面试了两个宰相。

虽然苏东坡没当上宰相——他的最高职位是翰林学士，但他还是给皇家拟过800多道圣旨的，并且每道圣旨都是有记载的。

南宋定都杭州，有偶然中的必然。谁又知道，最终做决定的宋高宗心中有没有闪过苏东坡的影子。杭州的好已深深印在他的脑海里。况且，在并不遥远的时期，苏东坡下过大力气治理杭州，不惜动用和太后的关系，反反复复上密奏，请钱、请款、请粮、请人工，对杭州进行全方位治理，尤其是治水。

尤其是短平快地解决了杭州河道治理问题。说明他一旦施政并且能做主，会很高效。

他办公效率很高，办完公事后宴饮。

第二次来杭州，苏东坡五十四岁。是他一再请求外放，离开京都朝堂之上的尔虞我诈。当年带着十多岁的朝云离开，如今朝云也已近三十岁。朝云的文化素养在苏家养成，天分之外，她和苏东坡的知己感情更深。养成系的她是女版的苏东坡，苏东坡说她敏而义。

他明确要求来杭州。

十多年前，杭州给他的印象太美好。那时候，他是杭州通判，不是一把手，其实做不了什么事。他只能一首又一首地写诗，一场又一场醉，一次又一次游历，一拨又一拨迎来朋友又送走朋友。

他其实天才而又宿命般地给宋仁宗的后人留下了一个首都。

赵家的皇帝其实很迷恋苏东坡，不管是在他生前还是死后。

苏东坡将和女性的关系处理得很好，两任妻子，知己朝云，堂妹，歌伎，当朝皇后，酿酒妇人，春梦婆。他没有女儿，可是亲爱的弟弟子由有好几个女儿，这些侄女的婚配都是苏东坡做主的。

乌台诗案后，苏东坡被捕入狱。怎么处置他应该是颇费周章的事。

最后还是曹太皇太后对宋神宗说的一句话让他最终放了苏东坡。

而宋神宗本人其实也对苏东坡充满了迷恋。

宋神宗的皇后对苏东坡说过：官家吃饭时每每抓着筷子不落下来夹菜，肯定是在看你的文章。

再到后来，宋徽宗近乎用绑架的方式把苏过（与其父东坡最像）接到宫中为他画壁画，还赏赐了许多礼物。

到南宋高宗时，皇帝在最终定都杭州后开始大量阅读苏东坡的作品，感慨系之，赐苏东坡孙子苏符高官。

宋孝宗就更不用说了，赐东坡文忠公，亲自给《苏东坡全集》写了序。

杭州收留他，给他失意人的慰藉。他也几乎是倾尽全力在回报。从他一道一道上报给朝廷的奏章中可以看出来。

他自己说过，他的前生是杭州人。

这一次，苏东坡任浙西军区钤辖兼杭州知州，真正的一把手。

然而，杭州已然不是他记忆里的杭州。

内外运河淤塞，西湖几乎被水草吃掉，湖面剩下一半，导致杭州的水源地被破坏，居民日常用水都发生困难，钱塘江潮肆虐，出江出海时时发生船毁人亡事件。更可怕的是，饮用水不洁，海水倒灌，往来人多繁杂，导致瘟疫流行。

尤其可笑的是，以船为马的江南，船出杭州城要靠人和牛拉，往往耗几天时间也出不了城。

杭州居民的用水已经是一个大问题，交通出行也是一个大问题，如何防治瘟疫更是一个大问题，时时发生的火灾也是一个大问题，并且眼见饥荒也要来临。

这些都和水有关。

作为城市公共管理者，他要让杭州先动起来。

其时皇上年幼，太皇太后摄政，他几乎是利用太皇太后的恩宠，请求特别拨款，进行杭州的建设。短短一年半时间，他建起了一套清洁的供水系统，建起了一套流畅的交通系统，建起了一套公益性质的卫生系统，甚至建起了一套消防系统，并且完善了古人的饥荒应对系统。

据他的弟子秦观说，来杭的一年半以来，他几乎没见他的老师东坡先生打开过书。他不是在访问百姓，就是在现场考察，要么就是在寻访高人。

他不停地给朝廷打报告，未尽事宜，他在报告之外贴黄又贴黄，近于啰唆。报告到达京都得到批示后再转回，是一个漫长的过程。要知道，他是外放出京，多少对手盯着他，看他会不会犯错误。

城市水利是人体血脉，不能头痛医头，脚痛医脚。所以，东海、内外运河、钱塘江、苕溪、西湖、水井、九溪十八涧，要综合考虑。

那就从源头治理吧。他先是启动了河道治理工作，这是到杭州后的第三个月就开始了的，半年后完工。这也是他第一次在杭州启动的大型工程。

当时，杭州有两条运河，一名盐桥河，一名茅山河，南北方向穿过市区，直接在闸口连接钱塘湾，江水海水相混，带来大量淤泥。堆积的淤泥需定时清理，一方面费用大，另一方面非常扰民。清理出来的淤泥堆积在老百姓家门口，谁家看着都堵心。为了不在自家门口堆积淤泥，居民甚至会贿赂当事人。

两条运河需要海水才能保持运河交通畅通，但海水又会带进来淤泥，几乎是死循环。

苏东坡找到了方法。来水必须清洁，围绕这一核心，

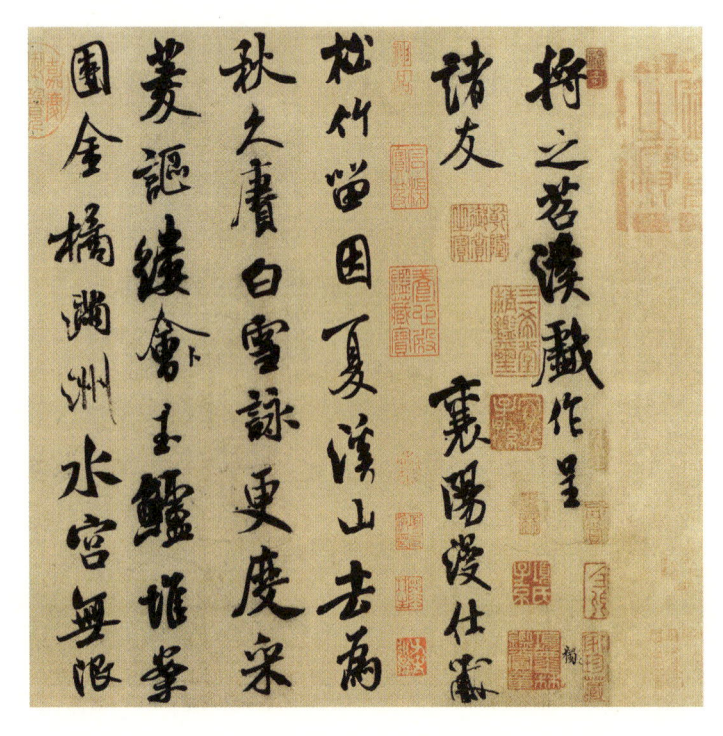

〔宋〕米芾《苕溪诗卷》（局部）

苏东坡的做法是：

在钤辖司门前建闸门，涨潮时关闭，放江潮入茅山河，潮落之后再开闸。茅山河流经人烟稀少的东北郊区，即使淤积之后需要掏挖也不扰民。而盐桥河流经闹市，潮水经茅山河澄清之后注入，不会再有泥沙淤积问题。同时疏通另外的河道引导西湖水注入盐桥河，这样，上游有西湖水，下游有澄清的潮水，一来可以补充城内运河水源，二来方便居民获得生活用水。

杭州事事仰仗水。解决了水的问题，也就解决了旱涝问题，保证了航运畅通，保证了物价稳定。

当时杭州正遇饥荒，无数灾民仰仗政府救济。苏轼以工代赈，将救灾与兴修水利结合在一起，很快完成了这一工程。

他用半年时间，高效解决了交通拥堵问题。

江河湖海原本互不见面，但通过东坡先生的奇思妙想却互通起来。

这个在《宋史·苏轼传》中有记载：

轼见茅山一河专受江潮，盐桥一河专受湖水，遂浚二河以通漕。复造堰闸，以为湖水畜泄之限，江潮不复入市。

他还特别提到，这是临濮县主簿苏坚提出的建议。当然，他又走访父老、请教其他专家，他们都说苏坚的方法可行。

工程结束后，茅山、盐桥两条运河的长度达到十里，水深八尺。

作为拟过八百多道圣旨的人，苏轼当然最会打报告。苏轼在给皇上的奏章里没提自己的功劳，而是说，不论公船私船，父老乡亲们都说，船在河道里跑得好快呀。

从他打的报告里完全可以看出，苏东坡这个人不贪功。出发点是父老乡亲的诉求；然后讲述历史上是怎么做的，为什么会出现这种状况，当下这种状况怎么解决；如果解决需要多少钱、多少粮、多少工，需要朝廷拨款多少，自己能以什么方法解决多少。

问题解决之后，他不忘报上父老的喜悦，当然更是他的喜悦。那种喜悦非常动人。

他简直把"材料狗"做到了极致。

比如杭州有了西湖，如人有了眉目，就是在他打给皇上和太皇太后的报告里出现的。这简直是神来之笔。最后，他还反问，如果一个人没有眉目那还叫人吗？所以，杭州不能没有西湖，西湖必须治理，治理需要银子，银子需要朝廷下拨，晚了西湖就没了，西湖没了杭州也就没了。

苏东坡任杭州通判时，曾辅助知州陈襄修整唐代六井和沈公井，十多年之后，井又出现状况。当时负责工程的是四位僧人。苏东坡经过寻访，得知四人中的子珪先生还健在，已七十多岁。老僧说，上次修整之所以功效不持久，是因为输水管道多由竹子做成，容易腐坏。他建议用瓦筒代替竹管，再用石槽保护瓦筒，接头处衔接严密，比竹管结实多了。这项工程完工后，他也打报

苏堤春晓

告请朝廷给子珪奖励，上次赐过一件紫袍，那这次就请赐出家人一个师号吧。

杭州城又流动起来。

西湖，他心目中的西施，他怎忍心她消失呢？苏轼同样找到了有效且长久的方法对付葑草这种生态污染——把湖面开辟为菱荡租给农民。每年春天种菱角的时候，都要清理淤泥，直到寸草不留方可种。农民有利可图，自然会年复一年清理杂草。另外，他还废物利用，把当下挖出来的淤泥就手做成了一道景观——苏堤出现了。

许多年以后，曹雪芹在《红楼梦》里通过写探春治理大观园，向苏东坡致敬。

他还有更宏伟的计划，一切都准备好了，只要给他时间就行。然而，他没有时间了。宋代的地方官，一般三年一个任期。他再三请求留下来，可惜没被批准。

计划和钱塘江潮有关。他想起，上次观潮时，弄潮儿们举着小红旗在青山白浪中远远而来，自己醉得不能自已，两岸观潮的父老们齐唱浪婆词。潮的壮观给东坡留下了非凡的印象，但同时，他也深知潮的危害。

浮山是一座岛，浙江之所以叫浙江，就是因为钱塘江潮水也好，山洪也罢，皆在浮山大转弯。富春江水在此折而下冲，直至六和塔下罗刹石，钱塘江也叫罗刹江，可以想象此地的险。

苏东坡上书朝廷，为避浮山之险，要求开凿运河。

他给皇上打的报告里称：衢、睦、处、婺、宣、歙、饶、信等州以及福建八州的父老往来时，都需在龙山附近乘潮渡江，但往往覆溺江中……老弱叫号，求救于湍沙之间，声未及终，已为潮水卷去……能自全者，百无一二……

苏东坡为此感到焦虑，所幸最终找到了解决的方法。

元祐六年（1091）离杭州太守任前，苏东坡从前信州知州侯临处访知，在钱塘江名叫石门的地方开一条运河，即可避浮山之险。他邀转运司官员叶温叟、张璹到石门实地考察，认为侯临的设想可行。他请侯临写了《开石门河利害事状》，令观察推官董华做了开石门河所需的人工、材料、钱米预算，并绘制了地图。然后，他撰写了《乞相度开石门河状》，连同预算、地图及侯临书状一并上奏朝廷，请求宋哲宗和听政的太皇太后拨钱十五万贯，允许差用军人三千，用来开凿石门河，还建议朝廷专差侯临监督开河工程，计划两年完成。

他宏大的治水计划，因为调令被搁置。

一个让时间目瞪口呆的女人。

河畔的小白菜

　　毕秀姑爱穿白褂子、绿裤子，加上皮肤白皙、眉目清秀，做事利落，又是十八岁花一般的年龄，街坊们喊她小白菜。小白菜和丈夫租杨乃武家的房子住，杨乃武教小白菜识字读佛经，邻居们背后嚼舌头，说他是"羊吃白菜"。

　　小白菜的丈夫得急症暴亡，别有用心的人说是小白菜和杨乃武通奸杀夫。被诬所用砒霜是从仓前一家叫爱仁堂的药铺买的。

　　仓前这个名字的来历和粮食有关系。仓前原名灵源，南宋绍兴二年（1132），官家在街北建临安便民仓，古以南为前，遂称仓前街。算来也是有800多年历史的小镇。

　　章太炎就是仓前人，他家的老宅子还在。

　　毕秀姑和母亲躲避战乱流落到仓前。

　　杨乃武被构陷，和漕粮有些关系。仓前地临苕溪，舟运畅通，是漕米集中的地方。百姓纳粮，除正额外还征漕耗。淋尖、踢斛、水脚、花户、灰印，名目繁多。

漕军、船户、关津、仓胥、库吏，雁过拔毛。里甲、粮长、官府、运军，非法勒索。漕粮的实际耗费在原额的两倍以上。

杨乃武代受欺的粮户缴粮米，又代写状子，向衙门陈述漕米克扣浮收，请求官府清除积弊，减轻粮户的额外负担。

当官不如为娼（仓），为娼不如从良（粮）。漕弊、盐政、鸦片是晚清三大毒瘤。

漕粮舞弊不是一介书生能解决的，江南一直是赋税重地，明清尤甚。杨乃武夜里在县衙墙上贴了一副对子："大清双王法；浙省两抚台。"

清朝有明令，量米不许用脚踢；抚台有布告，溢米准许粮户扫取。——实际上米溢出斛外掉到地上，不让纳粮人扫捡。

这些都是后来被陷害的伏笔。

余杭塘河穿仓前镇而过，余杭塘河的传奇在于救杭州的命。

南宋淳祐七年（1247），多雨的杭州发生了一场大旱灾，西湖干了，百井干了，河道干了。美丽的杭州气息奄奄，朝廷出面紧急上马天目引水工程，通过余杭塘河，将天目山来水引至西湖，保障当时的首都城区用水。

余杭塘河在汉代就有，南宋史书始见，在北关门外江涨桥西四十五里。主要用来运粮食，百姓直接管余杭塘河叫运粮河；也是大运河的支流，干脆又叫运河尾巴；

20 世纪 70 年代的江涨桥（卖鱼桥）

第三章　河道

还是古余杭县主要航道，上游为南渠河。宋时南渠河西通木竹河，从石门塘达洞霄宫。下游经长桥，东流约七里至觅渡桥，折东南流约十二里，至观音桥又东流约一里，至卖鱼桥，与下塘河相会。张士诚开挖的新运河在北端与余杭塘河相连，在南端连接隋炀帝开凿的江南运河。古时，临安、於潜等地的竹木山货经木竹河至余杭集散。

余杭塘河有一座知名的桥叫卖鱼桥，据说是明代一位连中三元、名叫夏以诚的杭州人衣锦还乡后建的，也叫归锦桥。桥下的河水由西往东，江涨桥西南入运河。

卖鱼桥聚集的是水产生意，往来船只装满了待出手的水货，夜里停靠在江涨桥附近，灯光像是星光，点点散在运河沿岸。"江涨渔火"由此而来。

卖鱼桥西面的五界庙，戏台上常年锣鼓不断。

旁边的江涨桥又有"江涨暮雨"之说。钱塘江涨潮，江水顺着河道涌入杭城内，到了江涨桥掉头而回。江涨桥因此而得名。

南面的仓基新村在清代有条富贵街，大户人家喜欢在这里建别墅。

米山堂因主人收藏了米芾的字而得名。在江景别墅里办雅集，焚香点茶、挂画插花，像是望不到头的好日子。

每条流水都有传奇。

民国时，杭州城内的运河水系河道有中河、东河、市河、浣纱河四条。城外有龙山河、贴沙河、上塘河、下塘河、古新河、新开运河、余杭塘河七条河道与运河相通。除以上河道外，还有松木场河、西溪、备塘河等与运河相通。

河道根据人类需要，被开挖或者填埋。纵横交错，反复纠缠。

拿酒来。故事已经发生，就不会消失。

参考文献

1.〔宋〕陆游：《入蜀记》，载《知不足斋丛书》第三集，中华书局，1999年。

2. 王文宾：《宋代外事馆驿考》，硕士学位论文，陕西师范大学历史地理学专业，2012年。

3.〔元〕脱脱等：《宋史·韦贤妃传》，中华书局，1985年。

4.〔元〕脱脱等：《宋史·高宗本纪》，中华书局，1985年。

5.林正秋：《南宋定都临安原因初探》，《杭州师范学院学报（社会科学版）》1982年第1期。

6.徐北文主编：《李清照全集评注》，济南出版社，1990年。

7.康震：《康震评说李清照》，中华书局，2007年。

8.杭州市人民政府地方志办公室编：《北山梦寻》，杭州出版社，2019年。

9.蒋文欢等：《钱塘风雅》，杭州出版社，2019年。

10.仲向平、陈钦周编著：《口述杭州河道历史》，杭州出版社，2013年。

11.叶全新、陈钦周：《中东河新传》，杭州出版社，2014年。

12.刘亚轩：《杭州中东河历史变迁研究》，《河南牧业经济学院学报》2016年第4期。

13.林语堂：《苏东坡传》，湖南文艺出版社，2012年。

14.〔元〕脱脱等：《宋史·苏轼传》，中华书局，1985年。

15.仲向平、陈钦周编著：《杭州河道历史建筑》，杭州出版社，2013年。

第四章

茗溪

苕溪制造了王的深情

水盘腿坐着 HANG ZHOU

婆留生来丑。丑到什么程度呢？就是亲生父亲也看不下去，一定要把他溺死。祖母动用大家长的权威，才把他留下来。

长得丑，家里又穷。婆留的整个少年时期过得惨绿愁红。小小年纪就要养家糊口，跑生意，贩私盐。

一天，他遇见一位美丽的姑娘，经多方打听，才知道是郎碧村戴家的女儿。他央父母去求亲，家里聘礼是没有的，况且父亲一向不喜欢这个丑儿子，有个女人嫁就不错了，偏偏还看上了漂亮姑娘。

婆留下了决心——娶妻当娶戴氏女。他动不动就往郎碧村跑。他远远看着戴姑娘要么在院子里绣花，要么给蚕采桑叶，要么在田里插秧，要么在小溪里划着船儿和女伴们采菱角。

插秧好辛苦，他看着她忙碌，忍不住跑去帮忙。

她是讲究的女孩子，即使在田地里劳作，鬓边也会戴一朵栀子花。

许是凑够了聘礼，许是婆留的诚心感动了戴姑娘，也可能是私奔。过程不可考，而深情一直在。

从贩私盐的小商贩，到部队的低级军官，到一国之王。他一天天走上了人生巅峰，而他也在他的深情里被人想象到现在。

他的深情通过九个字表达：陌上花开，可缓缓归矣。

江南春老。许是在忙公务之余有了闲暇，许是雨触动了心事，眼前花开得正好。他突然无比想念回乡省亲的戴妃。那些少不更事的年岁多是和她度过的。其间经过争战，经过生死，经过王朝更迭。

而他，成了王。

戴妃回乡省亲的路有多危险，他少年时就知道。那条他贩盐时一次一次走过的苕溪，苕溪水涨，看起来很美，怒起来很吓人——掀翻小船，冲垮房屋，淹没良田。

夏天是苕溪最容易发怒的时候，他要戴妃在苕溪水发怒前归来。

行伍出身、粗通文墨的人，若不是深情到极致，又怎么能吐出艳压千古的情诗？

作为传统男性，他大概羞于直接表达情感，他找了个借口——陌上花开，可缓缓归矣。陌上花开，是他和她的秘密。他想说的是，快回来吧。可是不能催她，她从娘家归来的路，山崖陡峭，而且经过坏脾气的苕溪。他怕她心急。

这是被苕溪水吓出来的爱情和深情。

他不只是宠妻狂魔，也不只写下了缓缓归的贴心诗句，他直接行动，把她回娘家的路修了一遍，铺上石板，在崖边建起护栏，人们把戴家女儿回娘家的这条路叫作栏杆岭。

他还是不放心，他了解山水发怒的情形。山和水就是他们的恩爱，他以静水流深的爱情解构湍急的苕溪。

虽然他现在是王，但少年时无瑕的情感一直相伴。于是，中国人都知道了他们的秘密。这个害羞的民族完全能意会文字的美好。

多年后，苏东坡任杭州通判，于乡间漫游，他偶然听到乡民唱《陌上花》，含情婉转，大为感动。于是以《陌上花》为题，也写了三首诗。讲真，比起那九个字，轻佻些了呢。

婆留是吴越王钱镠的小名。回乡省亲的农家姑娘只知道姓戴，如同许多历史上的中国女性，她们没有名字。

省亲队伍浩浩荡荡，山间的鸟叫得欢，迎接现在的王妃、曾经的农家姑娘归乡。苕溪两岸的农夫停下手中的犁，被一起劳作的农妇骂了句："看看人家！"

陌上花开，可缓缓归矣。

芦花飞呀飞，而戴家姑娘的乡间传说催动了牧童的少年心事——我也要娶这样的新娘。

来看看古苕溪。

处理良渚和古苕溪的关系

想要建一座城,一定要先解决水源问题,何况是一座王城。古时的人比当下的人更天然,更接近智慧,他们仿佛浮身空中观察大地,目光所及,哪里适合建宫殿,哪里适合作为内城,人口相对密集,哪里外延留出余地——就是后人看到的外城,哪里适合作墓葬安排身后事,哪里适合祭祀,和神灵通款曲……

尤其要紧的是:水从哪里来。日常所需是首先要考虑的,不能离得太远,又要考虑水的无常性,水并不总是温柔有礼的;水生气的时候如何应对,不只是求诸水神龙王,必要时该拦截拦截,该围堵围堵,该疏通疏通,该放行放行。

良渚王思虑良久,事情接近完美,需要把西北面那条秋天总是飞着芦花的水流安置好,王城就可以定下来。在更远处,她要知道这条溪流从何而来,溪流也不是总在发脾气,她集中在每年最热的那一个时段里发作,其他时间里又温柔可人,连小娃娃也可以在水里戏耍,游鱼成群结队,而那些漫天的芦花,让她常常以为行走在梦中。

起风的时候，两边的芦苇荡在跳舞。她和他常常在芦苇荡里徘徊，那里有各种鸟的巢，他们偷偷看过那些鸟巢。而良渚的王，那个美丽的让人过目难忘的女子，那个发上簪着玉匠精心打制的簪子的女子，她居然去摸了水鸟的卵，大鸟就在附近，威胁的叫声一声紧似一声，她和他在那样的威胁中落荒而逃。

她没想到，以后中国大地上的王城基本沿用这种规制，不论那些王朝多么强大。比如，她的良渚王城有四个紫禁城那么大。

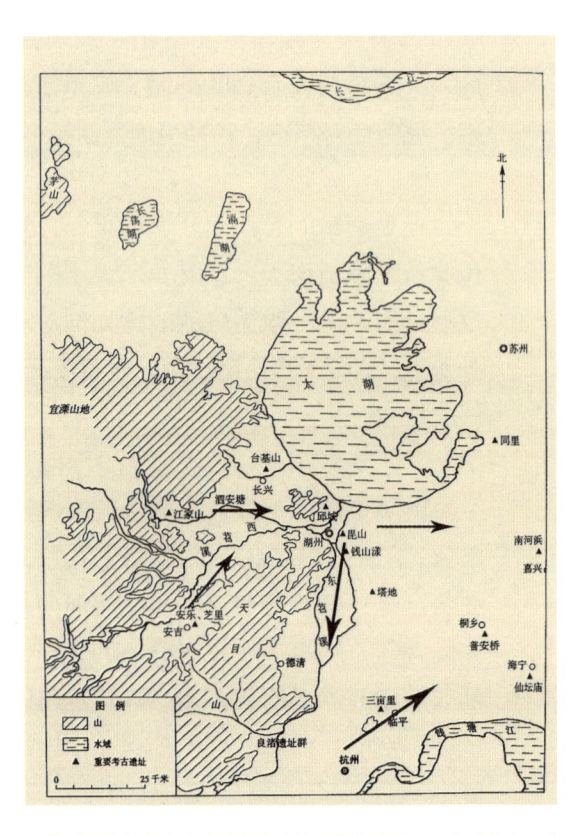

西苕溪谷地与良渚遗址群和嘉兴地区的位置及人口流动方向示意

千年以后，有个叫禹的王在大地上跑来跑去治水，三过家门不入，以至于他的妻子一直等他，化成了石头——狠心的男人。

她要知道那条两岸开着芦花的水从哪里来，水来自天目山，那她就要去天目山看看。最终的结果是，水流经过的山岗、山谷都可以用起来，两山之间的谷口完全可以通过坝把水流挡住，当然也可以放行。高处拦截，低处储蓄，一道不行就拦两道，高坝之后有低坝，双重防护。于是，她一口气筑了十一条坝。那些坝要在五千年后，她的后人通过卫星云图看才能恍然大悟，这是良渚王通过坝体留给大地的悬念，而她的后代接收到了这样的信息。他们只是好奇：她或他动用了怎样的力量？她或他怎样测量？她或他怎样实施？她或他怎样维修？她或他又是怎样得意。

良渚古城是一个具有宫城、内城、外城和外围水利系统四重结构的庞大都邑。良渚古城外围的十一条水坝与城内水系构成一个完整的水利系统。外围水利系统在城建前期统一规划，充分利用天然山体、河谷平原，由谷口高坝、平原低坝和山前长堤、十一条人工坝体和天然山体、溢洪道构成。

城址由宫殿、内城、外城呈向心式三重布局。内城由墙体围合，四面城墙中的北、东、西墙内外都有城河，夹河筑城，一旦有人来犯就是最好的防护。

内城有九座城门，其中有八座水城门，一座陆城门。

城里河道纵横，族人们临河而居，她要保证城里四通八达，她要乘船到达她想到达的地方，划着独木舟撑着木排掌着竹筏往来如梭。

那些堤坝可不只是用来拦水的，她要考虑种稻时的用水，也要考虑行船时的便捷，还要考虑她的玉作坊的制玉开采；她不能只考虑水多的情形，她还要考虑水少的情形。她还要考虑怎样建筑、用什么材料，尽可能地利用山形水势，她可不能把男人女人们都派去干活，她也不能把看得见的看不见的事物用尽，这些都在她的气度当中有序进行。族人们更多的时间要用来唱歌跳舞、抓鱼、采集、捕鹿、制玉、约会。

最大的玉琮正在制作当中，她忍不住自己撑船跑到玉作坊去催。玉坊的主人说："王啊，要给我时间，我会给我们的部族做出最好的玉琮。这样，神灵才能和我们说话，才会保佑我们。"

怎样把天目山的玉料、石头、木材、漆、动物、植物引来？水运。

良渚古城外围高坝所在的山谷陡峻，夏季山洪暴发，冬季可能断流，并不具备行船条件。

王的方法是筑坝蓄水形成库容，结构连接多个山谷的人工水网。外围兴建防洪水利设施，在城内外挖掘大量的人工河道，连接平原区的自然水域，从而架构复杂而完善的水上交通网。

她是地母一样的存在，她也要考虑天上的事物。她要和神灵沟通，讨价还价，赐给我的族人雨水、庄稼、鱼、水牛、鹿、橡子，还有玉。

玉琮内圆外方，里面的圆是神灵来去的通道。所以当族人发现有一块巨大的玉能制成琮时，她有些迫不及待。

对啦，稻子这种事物很宝贵，它们的命是水。瞧，水多了不行，水少了也不行。王要考虑水的变化，以便族人栽种时心里有底。

她还要保证小船儿随时能去那些需要去的地方，可以把她的玉拉回来，把稻子拉回来；还要保证少年和少女能从一个地方到另一个地方约会，一如当初的她和他。

那些芦苇也不是白长的，除了好看，除了制造风，除了思考，除了供少年们约会，还会被割下来包上泥巴，制成团，有序堆积成坝，坝体结实还富于变化。王对于自己的创意很是得意，她总是能找到解决问题的方法。是的，必须很了解水，才能让她的王国欣欣向荣。

她不知道，很多年以后，世人会对她的堤坝发出怎样的浩叹，他们说那是世界上最早的水利工程，他们把她的王国的水利工程列入世界遗产，那是人和自然的惺惺相惜，是人和水的相亲相爱。

她要处理的那条水叫苕溪。

苕溪分东西，有两个源头，源出天目山南面的是东苕，源出天目山北面的是西苕。

良渚古城主要面对东苕溪。

东苕溪入杭州余杭境内后呈西南—东北流向，经瓶窑、安溪，在獐山镇的西侧北折，径流入太湖。

东苕溪干流长 143 公里，杭州境内 103 公里。

这是发生在 5300 年前的事。

良渚是以后中国王朝的演练，而这演练一出手就是巅峰。

水的作。

不断作乱的苕溪

"余杭人视水如寇盗,堤防如城郭,旁邑视余杭捍蔽,如精兵所聚,控厄之地也。"(嘉庆《余杭县志》)这话说得够狠,但也是事实。

苕溪源自天目山,暴雨后,万山之水汇于一溪,下关杭嘉湖三郡田庐性命,浙江八大水系中,除钱塘江潮灾外,尤以东苕溪洪灾最让人紧张。

三苕(西苕、南苕、中苕)既合,势益奔涌,直流暴涨,不能追泄则泛滥为害。

南朝宋元嘉十三年(436)至1948年,余杭共遇自然灾害247次,其中179次为洪涝。

古来杭嘉湖水利以治苕为急务。对,这个"古"可以追溯到良渚时期。

传说大禹也治理过苕溪。

当然,和苕溪打交道,不得不提杭州的土地神。

天目山的水

我们对土地神的概念多停留在《西游记》里，就是那个动不动就被孙悟空拎着耳朵骂的白胡子老公公。

杭州的土地神叫陈浑。

东汉熹平元年（172），陈浑任余杭县令时做了两件日后被封神的事。一是建了杭州境内最早的水闸，二是迁建县城。

熹平二年（173），陈浑勘察地形，发动十万民工在县城西南筑塘围湖，用来分杀苕溪水势。湖分上下，沿溪为上南湖，塘坝高一丈五尺，周围三十二里。依山为下湖，塘坝高一丈四尺，环山十四里。湖面四百余公顷，统称南湖。在湖西北凿石门涵，引导溪流入湖。湖东南建泄水坝，使水安稳流出。另沿溪增设数十处陡门堰坝，即西险大塘，旱可蓄，涝可泄，使杭嘉湖免受洪涝危害。

西险大塘是古代的一项水利工程。

他还将余杭县城从溪南迁至溪北，构筑城门，疏浚护城河，加强城围。

陈浑因而被尊为杭州的土地神。

唐宝历年间，余杭县令归珧循陈浑所建旧迹，浚湖修堤，恢复南湖蓄泄之利。

宋崇宁五年（1106），余杭县令杨时阻权臣蔡京欲葬母于南湖之侧，使南湖蓄洪功能免受侵害。

南宋绍兴二年（1132）三月，左从事郎、余杭县丞章籍建龙光陡门。

淳熙六年（1179），钱塘县分段筑塘，间以陡门，名为"十塘五闸"。

明永乐元年（1403），浙西大水，朝廷特差户部尚书夏元吉督治水患；次年又派通政使赵居宸至浙添设治农官置圩；永乐三年（1405），苕溪洪水冲决化湾塘，朝廷遣户部尚书夏元吉、通政使赵岳来浙督修，三年方成。

正统十年（1445）又坍，派遣工部侍郎周经来浙江主持修复，动支仓米3700石，南关厂木3000株，修复如故。

嘉靖三十六年（1557），组织民工对黄鄱塘等加高培厚，使之坚固。

万历三十六年（1608）五月，化湾塘被冲毁，钱塘县令聂心汤主持先筑备塘，后修水闸，以为水旱备；万历三十九年（1611），西险大塘余杭险要地段九百丈，堤脚用木桩、块石加固，并挑土培厚，历时一年。

清雍正五年（1727），修压沙塘五十八丈。

1946 年，由专署召集有关各县代表组织东苕溪南北湖水利参事会，开始疏浚东苕溪与抢修西险大塘。次年二月，对余杭县段堤塘进行全面修补。横跨苕溪的通济桥要在桥墩逆水面砌出宽两米、长和高分别为六米的分水尖，桥墩上各有溢洪洞，以备天目来水猛涨时泄洪之用。

当然，也用到了非常规手段，比如建塔镇溪。

明代在苕溪北岸堤塘建舒公塔，与舒公塔遥相对应的安乐塔由吴越王钱镠所建。安乐、舒公双塔隔苕溪耸峙，试图镇锁桀骜不驯的苕溪。

农历二月十五是陈浑的生日，杭人都要迎神庆贺，叫"天曹会"。

陈浑以后，唐代的归珧，宋代的杨时、章得一，元代的常野先，明代的戴日强，清代的张思齐等有政绩的县令，都很注意处理和苕溪的关系。

明在宋时的龟山书院废址建惠泽祠，祭祀陈浑、归珧、杨时三位先贤。

南苕溪源于东天目山水竹坞，溪道多湾，岔流丛生，桀骜不驯，变迁频繁。从 12 世纪到 20 世纪的 800 年中，大的洪灾有 20 余次，平均 35 年一次。仅光绪年间就发了 4 次大水，先后将杨岭乡的千家村和董家村夷为溪滩。1922 年"壬戌水灾"，又将甘棠堰上螺蛳塘村全部冲毁，南苕溪主流由竹林桥改道至思古桥。

中苕溪居北、南苕溪之中，为东苕溪的主要支流，源于石门姜岭坑。东南流经石门、高虹、横畈、长乐至汤湾渡，由左岸汇入东苕溪。中苕溪穿越于山谷之间，百姓引水建碓，水碓多为加工木粉，木粉多用来制香。

碓被称为香碓。从前大仁寺以上沿溪有香碓350座。

北苕溪由百丈溪、鸬鸟溪、太平溪和双溪汇合而成。鸬鸟溪为北苕溪主源，发源于安吉石门山，从鸬鸟后畈进入余杭境内，至白沙与百丈溪汇合进入黄湖，又汇黄湖溪，至东山接纳青山溪、赐璧溪，至双溪竹山村与太平溪汇合后称北苕溪，至张堰横山庙下游从长乐镇东北、瓶窑镇南部汇入东苕溪。

苕溪，苕溪。不作乱时也是美的。

水？火？

5000 年前良渚的一场大火

5000 年前的良渚王城一处粮仓失火了，火光冲天。

孩童号哭，妇女尖叫，动物奔逃，男人们张大了嘴巴。随后，大家投入到救火中。

我们不知道是什么引发了火灾。

这次失火导致 20 万千克稻米葬身火海，5000 年后，稻米以黑色炭化的面目再次出现。

考古学家据此推测，当时的良渚古城至少有两万人。

蜿蜒东西的河沟把茅山聚落分为坡上坡下，坡上是生活区，坡下是稻田种植区。灌溉水渠和田埂把田地分割成面积 1000—2000 平方米不等的长条田块，总面积达 56000 平方米，折合为 84 亩。茅山遗址是良渚文化中晚期坡地型遗址的聚落形态。

茅山遗址发现的 84 亩水稻田是良渚国的国有农场。亩产达 141 公斤的稻田，2000 到 3000 个茅山规模的村落，才能支撑起良渚古城的日常运转。

茅山遗址东区良渚文化晚期大面积稻田全景

　　王城粮仓，国有农场，茅山村落，大型水利，这些事物清晰地表达了支撑良渚王城运作的农业体系。

　　那么，我们就能把稻作和良渚庞大的水利工程连在一起——良渚据水而兴。

是什么引发了火灾？人为纵火？偶发行为？自然原因？不可抗力？

这场火灾又引发了什么事件？是人员伤亡？是王权更迭？是社会骚乱？是生产倒退？甚至，良渚古城的覆灭？

我们能知道的是，稻在这里是主食，稻的产量很可观，并且被用来酿酒，从事酿酒的是女性。而酒和玉，主宰人们的精神生活。

归于水。

玉上的旋符也许是水

玉据说是大地的舍利子,谁不喜欢这种美好的事物呢?

他们把神——一个头戴鸟羽而身骑巨兽的家伙刻在玉上。这个家伙反复出现,在他周围是密密的旋符。有人说旋符是太阳,也有人说旋符是指纹。

谁又能说,那些旋符不是水呢?是太阳晒化的水的具象,是水的轮回。

我们来源于水,我们也太想捕捉到水;而水穿指而过,无处不在又无处可寻。那么把你刻在那些来自大地的隐秘之处的石头上,就可以留住这大地的哭泣。这些哭泣有时候是温和的,因为是眼泪;有时候是狂暴的,也因为是眼泪。于是,那些哭泣成为河流、成为大海、成为小溪、成为井、成为碗、成为茶杯。

王能够沟通天、地、人,所以才是王。

王也要解决具体问题,她要为族人授时,告诉他们要播种了,甚至要示范怎样插秧才方便在接下来的时段里捉虫、除草、施肥、收割，这些都有章法。

她被晒得黝黑而且行动如风，她心爱的男子往往跟不上她的脚步。她送他们玉饰，那些小树桩一样的玉饰插在头上，让他们与众不同。

就像事物有成、住、坏、空，良渚古城消失了，又出现了。它的消失和水有关，有说是反复的海侵事件，一如跨湖桥人。但良渚人没有消失，他们再找一个地方，他们可以出海也可以跨江，他们身怀种植水稻的绝技，也手握造船的绝技，还身怀制玉的绝技，他们以玉控制了人心，一代一代，一如现在，中国人还是那么喜欢玉。

玉就是王。王就是玉。

世界那么大，他们又完全了解水。

良渚是杭州的预演。

不要急着否认，谁又敢说良渚的王不是一位女性呢？一如女娲的妈妈华胥氏踩着水边的脚印怀孕，一如女娲在黄河流域抟土造人，一如后来的嫘祖驯化了蚕，谁又能肯定驯化稻子的不是一位良渚的女王呢？她们在采集里观察稻子的生成，她们观察稻子和水的关系，她们试着开辟一块水田——啊，稻子长成了。她们观察芦苇这种水边的事物，她们把芦苇的皮和叶编成席子。她们把芦苇窝起来直接裹上芦苇荡里的泥巴，高高地堆起来以抵御大水。

良渚的发现者，25 岁的民国青年施昕更对良渚的释名为：渚者，水中小洲也；良者，善也。

与许多王朝的覆灭不同，那些王朝被各种起义推翻，建立新的王朝，反反复复。

良渚更可能毁于自然，成于水，归于水。那又怎样？多年以后，一座叫钱塘的山中小县又在日复一日、年复一年的王朝里蝶变出一个杭州。

杭州完全基于水再生。

水盘腿坐着，笑语吟吟。

参考文献

1.〔宋〕薛居正：《旧五代史·钱镠传》，中华书局，2015年。

2.〔宋〕欧阳修：《新五代史·钱镠传》，中华书局，2015年。

3.蒋文欢等：《钱塘风雅》，杭州出版社，2019年。

4.马时雍主编：《杭州的水》，杭州出版社，2003年。

5.赵志军：《中国农业起源研究的新思考和新发现》，《光明日报》2019年8月5日。

6.俞为洁：《良渚人的衣食》，杭州出版社，2013年。

丛书编辑部

艾晓静　包可汗　安蓉泉　李方存　杨　流
杨海燕　肖华燕　吴云倩　何晓原　张美虎
陈　波　陈炯磊　尚佐文　周小忠　胡征宇
姜青青　钱登科　郭泰鸿　陶文杰　潘韶京
（按姓氏笔画排序）

特别鸣谢

陈文锦　王振俊　张　倩（系列专家组）
魏皓奔　赵一新　孙玉卿（综合专家组）
夏　烈　李杭春（文艺评论家审读组）

供图单位和图片作者

拱宸书院　建德市档案馆
邬大江　孙小明　寿　健　周　宇　周少伟
周挽人　郑从礼　姚建心　韩　盛
（按姓氏笔画排序）